Las Vegas
Grand Canyon

Ole Helmhausen (Text) · Peter Frischmuth (Fotos)

TREASURE ISLAND
ALADDIN
MGM
EFX
THE CITY OF ENTERTAINMENT
EXCALIBUR
LUXOR

Unterwegs im Land der Superlative

Gr. Foto: 24 000 Kilometer Neonröhren leuchten in Las Vegas. Kl. Foto: Einkaufsbummel im »Venetian«.

Erst bei Nacht wird Las Vegas so richtig attraktiv. Dann glitzert die Stadt der größten und teuersten Kasinos und Hotels, in denen ganze Städte und Welten neu erstehen, in allen Farben. Viele Besucher nutzen die Metropole als Ausgangspunkt für eine Tour durch den Südwesten: durch das wüstenhafte Nevada zum Grand Canyon in Arizona, zu den Nationalparks von Utah mit ihren bizarren Felslandschaften oder den Indianergebieten bis in den Staat Colorado.

Joseph Ives hatte offenbar die Nase gestrichen voll. »Wir sind die ersten und zweifellos die letzten Weißen, die durch diese trostlose Gegend ziehen«, schreibt er über die Geröllandschaft östlich von Las Vegas. Das war 1857, und wer heute über den Hoover Dam nach Arizona hineinfährt, kann den Frust des Leutnants der US-Army selbst im klimatisierten Mietwagen bestens nachvollziehen. So mausetot wirkt die Mojave-Wüste, dass sich der Mond dagegen fast lieblich ausnimmt.

Und doch: Gründlicher hätte Ives sich nicht irren können. Zu Beginn des dritten Jahrtausends ist die gähnende Leere zwischen Death Valley und Colorado Plateau Amerikas neues Gelobtes Land. Aus allen Ecken der USA kommen die Menschen, um in Nevada, Utah oder im Südwestzipfel Colorados zu leben. Senioren von der regnerischen Ostküste und solche, denen Florida zu voll ist, verbringen ihren Lebensabend in einer der blitzblanken Siedlungen im Großraum Las Vegas. Junge Familien aus Süd-Kalifornien, die ihre Kinder nicht im Smog von Los Angeles aufwachsen sehen wollen, lassen sich hier nieder.

Keine Region wächst schneller als der Großraum Las Vegas

Hightech-Firmen und hoffnungsvolle Start-ups schlagen hier und im rund 700 Kilometer entfernten Salt Lake City ihr Hauptquartier auf, von den günstigsten Steuern und Immobilienpreisen profitierend. Ärzte, Broker und Internet-Unternehmer finden auch nichts dabei, täglich von Salt Lake City zur Arbeit nach Los Angeles zu pendeln: Der Flug dauert zwar anderthalb Stunden, aber auf den Freeways von L.A. wären sie noch länger unterwegs.

Las Vegas, angetrieben vom Run auf Kasinos und Mega-Resorts, ist mit 75000 Zuwanderern jährlich die am schnellsten wachsende Stadt der USA. Salt Lake City registriert 20000 Neubürger pro Jahr. Kein Smog, keine Blechlawinen, gut bezahlte Jobs, weniger Kriminalität: Wer hier Wurzeln schlägt, schreibt Lebensqualität ganz groß.

Nevada ist mit 286367 Quadratkilometern der siebtgrößte Staat der USA. 1,7 Millionen Menschen leben hier, davon 87 Prozent in den Zentren Las Vegas und Reno. Das 219902 Quadratkilometer große Utah weist ähnliche Daten auf: 85 Prozent der 2,1 Millionen Einwohner konzentrieren sich im Großraum Salt Lake City. Damit sind beide Staaten ziemlich leer und extrem urbanisiert zugleich. Zudem sind es die am spätesten besiedelten Gebiete der Vereinigten Staaten.

Vor nicht mehr als 180 Jahren nahmen weiße Kundschafter erstmals Kontakt zur indianischen Urbevölkerung auf. Für die Spanier hatte diese Region zu weit östlich bzw. zu weit nördlich gelegen, um von Kalifornien oder Arizona aus erforscht zu werden. Den von jenseits der Rocky Mountains aus operierenden Franzosen und Amerikanern lagen sie zu weit westlich. So kam es, dass der quer durch Nord-Nevada fließende Humboldt River erst 1828 »entdeckt«, die 1996 zum Nationalpark erhobene Wildnis des Grand Staircase-Escalante im Südwesten Utahs gar erst in den dreißiger Jahren des 20. Jahrhunderts kartografiert wurde.

Beständig ist nur der Wandel: Schon beim nächsten Besuch ...

... wird die Skyline von Las Vegas nicht mehr dieselbe sein

Las Vegas arbeitet rund um die Uhr. 24 Stunden am Tag, sieben Tage die Woche. 365 Tage im Jahr. Die Nächte sind heller als die Tage, und schon so mancher verantwortungsbewusste Familienvater hat an den Spieltischen die Kontrolle über sich verloren. Jeder, der hierher kommt, träumt vom großen Los. Grenzen kennt die Stadt nicht. Die muss jeder selber ziehen. Was nicht ganz einfach ist in einer Stadt, wo nichts unmöglich ist.

Stratosphere Tower: Las Vegas' Kompassnadel

Beste Stimmung herrscht auf der Fremont Street, dem »historischen« Zentrum von Las Vegas

Pionier im »Shoppertainment«: die »Forum Shops«, Amerikas umsatzstärkste Einkaufszone

Ausgerechnet in dieser »Alaska der lower 48« genannten Gegend haben Archäologen die Wiege einer blühenden Hochkultur ausgemacht. Wo heute Utah, Colorado, New Mexico und Arizona als »Four Corners« aufeinander treffen, lag vor tausend Jahren das Zentrum der hoch entwickelten Anasazi, prähistorischen Pueblo-Indianern, die ihre Dörfer wie Adlernester unter Felsenüberhänge klebten und Handelskontakte nach Mexiko pflegten. Noch heute zählen ihre Ruinen zu den spektakulärsten Zeugnissen voreuropäischen Kulturschaffens in Nordamerika. Im 13. Jahrhundert verschwanden sie jedoch spurlos.

Als 1776 spanische Missionare auf dem Weg von Mexiko nach Kalifornien den Süden dieses Gebiets streifen, begegnen ihnen lediglich nomadisierende Indianer von den Stämmen der Ute und Navaho in Utah und der Paiute, Washo und Schoschonen in Nevada. 80 Jahre später werden die meisten von ihnen massakriert, entwurzelt oder in Reservate abgeschoben sein.

Erst Mitte des 19. Jahrhunderts stoßen weiße Siedler in die Region vor

Die Vorhut der weißen Siedler bilden in den zwanziger Jahren des 19. Jahrhunderts Kundschafter wie Kit Carson, Jedediah Smith, Joseph Walker und Peter Skene Ogden. 1841 durchquert der erste Siedlertreck nach Kalifornien Nord-Nevada. Von 1843 an kartografiert John Frémont das vorläufig als »Utah Territory« zusammengefasste Gebiet für die Regierung. 1847 erreicht der erste Wagentreck

der Mormonen unter Brigham Young das Salt Lake Valley. Weitere 2000 kommen noch im gleichen Jahr an und gründen Salt Lake City, ihre »City of Zion«.
Der Goldrausch in Kalifornien im Jahr darauf löst eine Stampede in der Wüste aus: Zehntausende durchqueren in den nächsten Jahren die Great Basin Desert, bezwingen die 4000 Meter hohe Mauer der Sierra Nevada. So mancher steckt seine Claims an ihren Osthängen ab, vor allem entlang der Flüsse Truckee und Carson – und bleibt. Handelsposten entstehen, dann Siedlungen. 1851 gründen Pioniere im Carson Valley Genoa, die erste Stadt Nevadas.

Gold in Nevada, religiöse Inbrunst in Utah: Fortan gehen beide Staaten getrennte Wege. Während die Mormonen in den Wüsten Utahs blühende Oasen schaffen und ihrem Staat jenen wertkonservativen Stempel aufdrücken, der ihre Nachkommen bis heute republikanisch wählen lässt, graben Glücksritter aus aller Welt halb Nevada nach Edelmetall um und begründen die »can do«-Mentalität der Nevadans. 1859 stoßen sie am Sun Mountain auf eine der reichsten Silberadern der Welt: Die legendäre »Comstock Lode« setzt Virginia City in die Welt, die Mutter aller Wildwest-Städte, finanziert Lincolns Armeen im Bürgerkrieg und verhilft Nevada zum Bundesstaat-Status. Nur zehn Jahre später hausen 60 000 Menschen auf der Comstock. Und auch Eureka, Austin, Tuscarora und Hamilton verheißen unermessliche Reichtümer.
1868 erreicht die Central Pacific Railroad das Gebiet, bald verfügt jede Boomtown über einen eigenen Bahnanschluss. Dann

Hier macht Motorradfahren noch Spaß: unterwegs auf der Loop Road

Über viele Quadratkilometer bedecken Beifußsträucher das Land

Auch das ist Nevada: schneebedeckte Dreitausender im Great Basin N.P.

Kaum Gegenverkehr, Siedlungen nur alle 50 Kilometer: Nevada ist einer der »leersten« US-Staaten. Von den Wüsten im Süden bis zu den schneebedeckten Gebirgen weiter nördlich bietet der Staat eine erstaunliche landschaftliche Vielfalt. Wer Nevada bereist, muss sich auf herbe Landschaften gefasst machen, deren Schönheit – im wahrsten Sinne des Wortes – erfahren werden will.

Raue Sitten, kerniger Humor: »Too Tall Tony« war zu groß für sein Grab

ꟷevadas einziger Nationalpark: Great Basin

ꟷnmer noch im Dienst: »Bonanza«-Sheriff

versiegen die Minen, und Nevada darf bis zur Jahrhundertwende verschnaufen. Zu diesem Zeitpunkt haben die Mormonen auch das Colorado Plateau kolonisiert: Von St. George im Südwesten bis Moab im Südosten bedeckt die kargen Canyonlands ein Netz blühender, nach strengen Glaubenssätzen organisierter Gemeinden. Dann jedoch verschaffen neue Silberfunde in Tonopah und reiche Kupfervorkommen um Ruth Nevada einen fulminanten Start ins 20. Jahrhundert.

Im 20. Jahrhundert wird Nevada Stück für Stück erschlossen

1905 wird Las Vegas als Versorgungsdepot für die Bahnverbindung Salt Lake City–Los Angeles gegründet. Bis 1910 verdoppelt sich Nevadas Bevölkerung, die ersten Kanäle und Wasserleitungen versorgen die Wüstensiedlungen mit Wasser aus dem Truckee River. 1924 ist der Highway von L.A. über Las Vegas nach Salt Lake City fertig, 1927 folgen die transkontinentalen Highways 40 und 50. Wenig später stürzt eine zehnjährige Dürre, die berüchtigten »dust bowl years«, Utahs künstlich bewässerte Farmen in die Krise. In Nevada lässt die Weltwirtschaftskrise zwar die Banken zusammenbrechen, aber die Weichen für die Zukunft sind bereits gestellt: Der Bau des Hoover Dam sichert das Wasser, die Legalisierung des Glücksspiels löst einen Run auf Reno und Las Vegas aus, die Erleichterung der Scheidung lockt Ehemüde in Scharen nach Reno.

Der Zweite Weltkrieg schiebt die Wirtschaft in beiden Staaten an: Militärflughäfen und Rüstungsfabriken bringen Menschen und Arbeit. In Las Vegas schießen immer mehr Kasinos und Hotels aus dem Boden. Der Mormonenstaat Utah verwandelt sich durch die Gründung von fünf großen Nationalparks ebenfalls allmählich in ein Urlaubsziel.

Zu Beginn des dritten Jahrtausends lässt das Glücksspiel Nevadas Kassen klingeln wie nie zuvor. Allein Las Vegas verdient an seinen Spielern jährlich rund fünf Milliarden Dollar. Der Tourismus ist damit Nevadas wichtigster Wirtschaftszweig, er stellt 40 Prozent aller Jobs. An Nummer zwei und drei stehen Bergbau und Landwirtschaft. Auch in Utah rangiert der Tourismus ganz oben. Besonders gut besucht sind neben den Nationalparks die Stauseen wie Lake Powell und Lake Flaming Gorge. Sie garantieren nicht nur die Wasserversorgung, sondern sind beliebte Erholungsgebiete.

Nevada ist derzeit der wirtschaftlich am schnellsten wachsende amerikanische Bundesstaat, aber auch Utah wächst rasant. Dennoch: Das »wild country« der Western-Klassiker, die allesamt hier gedreht wurden, gibt es noch. Nevada und Utah verfügen über die letzten großen Wildnisgebiete Amerikas. Man kann tagelang wandern, reiten oder Rad fahren, ohne einem anderen Menschen zu begegnen. Auf vielen Straßen ist man stundenlang allein unterwegs. Die Bevölkerung ist noch immer weit entfernt vom routinierten Umgang mit Touristen.

Hitze, Einsamkeit und Monotonie: Auch das ist Nevada

Dabei macht vor allem Nevada seinen Besuchern den Einstieg nicht besonders leicht: Über Hunderte von Meilen führen die Wüsten-Highways durch nichts anderes als Geröll mit Yuccas und blassgrünen Salbeibüschen. Die braungelbe Landschaft, über der meist eine Backofenhitze liegt, wirkt zunächst recht monoton. Der Wüstenstaat ist jedoch mehr: Reno ist eine ideale Basis für Erkundungsfahrten zum Pyramid Lake, einem der schönsten Wüstenseen der Welt, nach Virginia City, der legendären alten Boomtown, hinauf zum Lake Tahoe in der hochalpinen Sierra Nevada und zu den Salzseen der Black Rock Desert, wo man nach Herzenslust Gas geben kann. Der Nordosten ist »cattle country«, mit Saloons, Ranchern und Cowboys. Mit der trockenheißen Great Basin Desert bekommt man es vor allem in Zentral-Nevada zu tun. 200 bis über 3000 Meter hohe, von Norden nach Süden verlaufende Gebirgszüge machen das Becken zu einem gigantischen Waschbrett, das mit zunehmender Höhe von braun und gelb nach grün changiert. In den Tälern schlafen die alten Boomtowns wie Eureka, Goldfield und Pioche. Noch heißer ist

Monument Valley: klassische Kulisse zahlreicher Western und Werbespots

Das Colorado-Plateau gehört zu den faszinierendsten Landschaften auf dem Globus. Hier haben der Colorado River und seine Nebenflüsse, Frost und Sandstürme in Jahrmillionen bizarre Steinwelten erschaffen. Entstanden sind tiefe Canyons, Stufenterrassen, Felstürme, Bogen und Tafelberge. Die Kräfte der Erosion haben Gesteinsschichten freigelegt, die fast zwei Milliarden Jahre alt sind und einen tiefen Blick in die Erdgeschichte ermöglichen.

Herzstück des Bryce Canyon National Park ist das »Amphitheater«

Grand Canyon: Sonnenaufgang am Yaki Point

Auf Stiegen und Leitern geht es zu den Anasazi-Siedlungen im Mesa Verde National Park

Zion National Park: 600 bis 900 Meter tief ist die Schlucht des Virgin River

Steinerne Wellen: Capitol Reef National Park

nur noch die Mojave-Wüste im Süden. Hier liegt Las Vegas, die legendäre »sin city«. Außer Kasinos und Mega-Resorts, die man gesehen haben muss, bietet auch die Spielerstadt etliche Ausflugsziele, darunter Hoover Dam und Death Valley jenseits der Grenze nach Kalifornien.

Ist Nevada eine kantige Schöne, so ist Utah ein makelloses Model. Zumindest Naturfreunde und Fotografen würden das unterschreiben. Selbst die ersten Siedler, denen das karge Colorado Plateau einst nichts als Aussicht bot, waren zutiefst beeindruckt. Die Flüsse Colorado und Green River haben hier die spektakulärsten Canyons und Mesas des ganzen Landes in den roten Sandstein gestanzt, Wind und Regen den Felsenbögen, -nadeln und -kuppen das einzigartige Make-up besorgt. Hochalpine Bergwelten, von geologischen Kräften aufgeworfen, setzen in dieser gelb-roten Felsenlandschaft faszinierende Akzente: So ist der Blick von den bis in den Hochsommer schneebedeckten La Sal Mountains hinab in die glühenden Canyonlands ein unvergessliches Erlebnis. Wer von Las Vegas nach Osten fährt, sieht ein Superlativ nach dem anderen. Tatsächlich erschöpfen die beispiellosen Naturschauspiele irgendwann die Wahrnehmungsfähigkeit: Wer glaubt, dass nach dem Grand Canyon im Norden Arizonas nichts mehr kommt, den belehren Utahs fünf Nationalparks eines Besseren: Zion, Bryce Canyon, Arches, Capitol Reef und Canyonlands scheinen direkt von der Töpferscheibe Gottes zu stammen, grandiose Felslandschaften, die umwerfende Panoramen bieten und herrliche Wanderwege. Und wer schon einmal in Moab die berühmtesten Mountainbike Trails der USA ausprobiert, wird auch noch die Anasazi-Ruinen im Mesa Verde National Park beim Nachbarn Colorado mitnehmen. Und die an die Schweizer Alpen erinnernden San Juan Mountains. Und ... – schließlich kommt man nicht alle Tage hier vorbei. Welcome to Nevada, Utah, Arizona and Colorado – It's a trip of a lifetime!

PARIS
LAS VEGAS BLVD

Amerikas fantastische Traumwelt

Gr. Foto: Hotel »Paris Las Vegas« mit Eiffelturm und Arc de Triomphe. Kl. Foto: Auf der Fremont Street.

»Fabulous Las Vegas« – wohl keine andere Stadt wird so geliebt und geschmäht zugleich. Für die einen ist sie eine steingewordene Fata Morgana, für die anderen eine nüchtern kalkulierte Geldmaschine. Doch selbst ihre Kritiker kommen nicht umhin, dem kühnen Unternehmertum hinter ihren Glitzerkulissen Respekt zu zollen. Denn Las Vegas ist mehr als nur ein Zocker-Dorado. Jung, ungestüm, visionär und optimistisch, ist die Metropole in der Mojave-Wüste die Quintessenz Amerikas.

Die Slot Machine gibt Gas. Ein paar Sekunden wirbeln die Walzen, für ein paar Sekunden keimt wieder neue Hoffnung. Dann, peng, peng, peng, rasten sie ein, die bunten Symbole, kurz und trocken, endgültig, unwiderruflich. Zwei identische auf einer Reihe verdoppeln bis verzwanzigfachen den Einsatz. Drei bringen den Hauptgewinn, den Jackpot. Immer vorausgesetzt, es sind die richtigen. Am häufigsten kommen Sonnen, Sterne und »bar«, das Zauberwort für Nie-mehr-arbeiten. Der Stängel mit den Kirschen ist das Trostpflaster. Er verdoppelt den eingesetzten Quarter und hält einen bei der Stange.

Ist man erst einmal auf der Verliererstraße, leert sich der Plastikeimer mit den Münzen immer schneller. Brummt einem der Schädel vom pausenlosen Kling-Klang in diesen vollklimatisierten Katakomben unter den Mega-Resorts, bemerkt man die vom Hartgeld grau verfärbten Fingerspitzen. Dies ist der Zeitpunkt aufzuhören, zum Erwachen

Las Vegas' größtes Hotel: »MGM Grand«

»Excalibur«: bonbonfarbene Ritterburg mit Wassergraben und Ziehbrücke

Immer wieder ein gutes Fotomotiv: das berühmteste Ortsschild der Welt

Seitdem die Besucher von Las Vegas auch mit Mega-Resorts angelockt werden, kreiert die Stadt nicht bloß Themenparks, sondern stampft gleich komplette Welten aus dem Wüstenboden. So ist das »Paris Las Vegas« ein französischer Mikrokosmos mit Triumphbogen und Eiffelturm und das »Aladdin« ein Stück maurisches Nordafrika, während das »Venetian« einem Dogenpalast mitsamt Campanile und Rialtobrücke nachempfunden wurde.

aus der Trance. Eine echte Chance ha man nie gehabt. »House advantage«, da Haus gewinnt. Immer.

Welcome to Las Vegas! Nichts ist ur möglich! Schlafen in einer fußballfelc großen Penthouse-Suite? Kein Thema Mit atemberaubenden Models (weiblic oder männlich, je nach Gusto) im Kabri nachts auf dem neonüberfluteten Stri kreuzen? Why not? Mal eben ein paa hunderttausend Dollar auf den Kopf hau en? Bescheidenheit ist eine falsche Zier

Der ganz alltägliche Wahnsinn

Nichts ist hier erfolgreicher als der Exzes Hotels, die Milliarden gekostet haber Neonlicht kilometerweise. Spielautoma ten in Supermärkten und auf den Toile ten. Verkehrsstaus nachts um drei, Hap py Hour den ganzen Tag und Vulkanaus brüche alle drei Stunden: Der gan alltägliche Wahnsinn, hier ist er total no

Manhattan in Las Vegas: Hotel-Kasino »New York-New York« mit Wolkenkratzern und Freiheitsstatue

n »Mandalay Bay« führt der Weg zur Lobby mitten durch ein Haifischbecken

mal. In Las Vegas werden Träume gemacht. Und Albträume: Nirgendwo sonst ist es leichter, sich scheiden zu lassen, süchtig zu werden, finanziell Selbstmord zu begehen. Wer erst einmal alles verloren hat, für den ist Las Vegas plötzlich so kalt wie die Nacht draußen in der Mojave-Wüste.

Da träumt man lieber weiter. Am Beginn des dritten Jahrtausends präsentiert sich die weltberühmte Spielerstadt als Disneyland in der Wüste. Mit mehreren Dutzend neuen Hotel-Kasinos und Themen-Resorts seit 1989 hat Las Vegas die Nase vorn behalten, trotz landesweitem Kasinoboom. Rund 34 Millionen Besucher, darunter viele Familien, köderte es im Jahr 2000 mit seinen falschen Pyramiden, venezianischen Palästen und Ritterburgen, mit seinen Mega-Amüsierbetrieben mit Achterbahnen, Wasserrutschen und Ritterturnieren. Groß ist gut, aber nur mega ist Las Vegas würdig: Die meisten der größten Hotels der

Welt stehen hier, allen voran das metallicblaue »MGM Grand Hotel & Casino« (5000 Zimmer), die schwarze Pyramide des »Luxor« (4500 Zimmer) und die Comic-Festung »Excalibur« (4000 Zimmer). Insgesamt verfügt Las Vegas über 140000 Hotelzimmer – Weltrekord! Mitte August 2000 eröffnete das orientalisch inspirierte »Aladdin«, eine Fata Morgana mit 2600 Zimmern, 14 schicken Restaurants und der anderthalb Kilometer langen »Desert Passage«, einer eleganten Einkaufszone im Stil nahöstlicher Basare, nordafrikanische Hafenfront mit Frachtensegler sowie Sturm- und Regenmaschine inklusive.

Einkaufen als Augenschmaus: »Motif Retail Centers« locken mit »Shoppertainment«, der Erfolgsformel für Fun und Kaufen. Als die 1992 eröffneten »Forum Shops at Caesar's Palace« mit blauem Kunsthimmel und monumentalen Götterstatuen national die höchsten Umsätze pro Quadratmeter einfuhren, zoger die anderen nach. Bislang halten die »Forum Shops« mit 1200 Dollar Umsatz pro Quadratfuß und Tag – das Dreifache des nationalen Durchschnitts – der Rekord. Den will das »Aladdin« nun mi seiner noch extravaganteren »Desert Passage« brechen.

Ein Elektromotor treibt die Gondeln an

»Forum Shops at Caesar's Palace«: Einkaufsbummel unter künstlichem Himmel

»Caesar's Palace«: Die einarmigen Banditen sind die Goldesel der Kasinos

»Forum Shops at Caesar's Palace«: Shows gehören zum »Shoppertainment«

Shopping als Freizeitvergnügen: Las Vegas hat das Einkaufen im Urlaub mit dem Konzept des »Shoppertainment« auf atemberaubende Weise perfektioniert: Einkaufszonen wie die »Forum Shops« oder »Desert Passage« bieten neben edelsten Textilien, Espressobars und Nobelrestaurants die perfekte Illusion einer schönen, heilen Welt.

Trotz der Top-Attraktionen lebt die Stadt noch immer vom Glücksspiel

Doch »Gambling« ist immer noch di Top-Attraktion der Stadt, trotz unglaub licher Shopping-Angebote, erstklassige Shows und exquisiter Gastronomie 1998 ließen Spieler aus aller Welt für Milliarden Dollar in der Stadt. Dass de Rubel weiterhin rollen wird, scheint si cher: Das 1998 eröffnete »Venetian«, di Kopie eines Dogenpalastes mitsamt Ka nälen, Gondeln und Brücken, wird nac Beendigung der zweiten Bauphase übe 6072 Suiten besitzen und damit da größte Hotel der Welt sein.

Für einen stilechten Empfang komm man am besten nachts an. Vom Highwa 15 aus sieht man Las Vegas scho 40 Kilometer vor der Stadtgrenze in de Wüste leuchten. Im breiten Las Vega Valley wohnen heute über 1,1 Millione Menschen. Noch vor 50 Jahren waren e gerade 40000. Und vor 100 Jahren ga es Las Vegas noch gar nicht. Ein mexikanischer Scout namens Rafael Rivera, auf der Suche nach einer Abkürzung zwischen Santa Fé und Kalifornien, war 1830 der erste Weiße im Valley. 1855 errichten mormonische Missionare aus Salt Lake City eine kurzlebige Kolonie.

Nach 1859 lockt der Run auf die Comstock Lode in Virginia City Hunderte von Diggern herbei, die das Valley nach Gold und Silber umgraben. Ein Goldgräber namens Octavius Decatur Gass baut 1865 an der Stelle des verlassenen Mormonen-Forts eine Ranch und eine Schmiede, bewässert 640 Acres Wüste und verkauft Proviant an Durchreisende. Als nach Goldfunden weiter nördlich Tonopah und Goldfield entstehen, wird die Ranch 1903 von der »San Pedro, Los Angeles and Salt Lake City Rail Road« gekauft und zwei Jahre später in 1200 Einzelgrundstücken für 265000 Dollar insgesamt versteigert. 1905 gilt als offizielles Gründungsdatum der Stadt. Die nächsten 25 Jahre verbringt Las Vegas als staubige Drehscheibe zwischen den Boomtowns im Norden, Westen und Osten: Noch 1930 leben hier gerade 5000 Menschen. In diesem Jahr kommt die Wende. Von der Legalisierung des

Kulissenzauber à la Las Vegas: Venedig im Miniformat, geschrumpft auf 240 Meter Durchmesser

Venedig zwei: Fresken, Springbrunnen und Marmorböden schmücken die Lobby des »Venetian«

Glücksspiels und der Verkürzung der Meldepflicht für Scheidungswillige von drei Monaten auf sechs Wochen profitiert nicht nur Reno im Norden, sondern auch Las Vegas, das seine ersten Kasinos eröffnet. Der Bau des Hoover Dam (1930–1935) im 70 Kilometer entfernten Black Canyon bringt 5000 Arbeiter und ihre Familien. Der aufgestaute Lake Mead lockt die ersten Touristen. Während des Zweiten Weltkriegs siedeln sich Rüstungsindustrie und Luftwaffe an. 1946 zählt Las Vegas 17000 Einwohner und gilt als raues Pflaster.

Eigentlich müsste die Stadt Benjamin »Bugsy« Siegel ein Denkmal setzen. Aber weil Bugsys Metier damals wie heute nicht gesellschaftsfähig ist, gibt es

Im »Rio Casino« rattern unten die »Einarmigen Banditen«, während oben die »Masquerade Show« läu

nicht einmal eine Siegel Street. Denn Bugsy war im »crime business«, wie es hier so schön heißt, und seine Arbeitskollegen hießen Meyer Lansky und Charlie »Lucky« Luciano, führende Köpfe des organisierten Verbrechens an der Ostküste. Da hilft es auch nichts, dass Bugsy das heutige Las Vegas erfand.

Das Hotel-Kasino »Flamingo« setzt neue Maßstäbe

Auf »Dienstreisen« nach Kalifornien steigt Siegel mehrere Male in Las Vegas ab. 1946 baut er das »Flamingo«, das erste jener opulenten Hotel-Kasinos, denen das Beste gerade gut genug ist. Die imposante Ausstattung des »Flamingo« weist den Weg: Die teuersten Möbel und Teppiche, aus Frankreich importierte Köche, die besten Shows und Entertainer und eine hypnotisierende Leuchtreklame setzen neue Maßstäbe. Das »Flamingo« wird ein Renner, bleibt aber in den roten Zahlen. Die Geldgeber an der Ostküste wollen Geld sehen, aber Bugsy ist pleite. Im Juni 1947 senden ihm die Bosse ihre Quittung: Siegel stirbt im Kugelhagel. Ein anderer Unterwelt-Boss kauft das »Flamingo« noch bevor Bugsys Leiche kalt ist.

Meister der Illusion: »Master Magician« Lance Burton lässt auf der Bühne Autos verschwinden

Die nächsten 20 Jahre wird Las Vegas vo Verbrechersyndikaten finanziert: Das Gel für fast alle in den 1950er-Jahren aus den Wüstensand schießenden Hotel-Kasino stammt aus fragwürdigen Quellen i lew York oder Chicago. Washington chickt eine Untersuchungskommission, ber außer unfreiwilliger Publicity – der uch loser Sitten macht Las Vegas erst echt attraktiv – haben ihre Erkenntnisse eine Konsequenzen. Bosse und Promiente aus Film und Politik geben sich veiterhin Gesellschaften und beklatchen auf Cocktailpartys hoch über den Dächern einmal im Monat ein Spektakel, as alle Lightshows in den Schatten stellt: Dann steigt 70 Meilen nördlich der Stadt in dunkler Pilz kilometerhoch in die tmosphäre und inspiriert kreative Gechäftsleute zu »Atomburger« und Schöneitswettbewerben à la »Miss Atomic last«. Erst 1961 verlegt die Atomic Energy Commission ihre Tests unter die Erde. u diesem Zeitpunkt hat die Stadt 0000 Einwohner.

Vorhang auf für Howard Hughes: 1966 bezieht der alternde Milliardär und layboy, der gerade seine Trans World irlines verkauft hat, die oberste Etage es »Desert Inn«. Der Geisteszustand des xzentrikers, der zehn Jahre später umnachtet stirbt, ist bereits bedenklich – er trägt Kleenex-Kartons statt Schuhen und verlässt während der drei Jahre in der Stadt kein einziges Mal seine Suite –, aber sein Riecher fürs Business ist noch intakt. Er kauft die Unterwelt aus Las Vegas heraus. Bis 1969 gehören sechs der größten Hotel-Kasinos ihm, dazu ein Fernsehsender, eine Fluggesellschaft und – am folgenschwersten – jede Menge kostbares Bauland. Nicht nur poliert die Stadt nun ihr Image auf, Hughes' Einkaufstour rückt sie auch ins Fadenkreuz von Investoren und Spekulanten.

Mit Howard Hughes beginnt ein neues Zeitalter

Auf sein Betreiben erteilt Nevada die Glücksspiellizenz nun auch Hotel- und Filmgesellschaften und lockt damit die Hiltons, Holiday Inns, Ramadas, Sheratons und MGM nach Las Vegas. Neue Gesichter, Designer-Anzüge, ein neues Management-Klima: Die Zeiten, als drei Geschäftspartner ein paar Millionen zusammenkratzten und damit ein Kasino eröffneten, sind vorbei. 1974 hat Las Vegas 140000 Einwohner. Und wächst weiter wie verrückt. Selbst die Rezession der frühen achtziger Jahre ist kein Sand im Getriebe: Als Kongressstadt und internationales Reiseziel ist man längst ein »big player« im Tourismus.

Ein Stück »altes« Vegas: gefiedertes Showgirl

ip-Nosis-Show (Hypnose) im »O'Sheas Casino«

flicht für alle »Trekkies«: »Star Trek Experience« im »Las Vegas Hilton«

50 Spitzenshows pro Woche, darunter viele Top Acts wie Tom Jones, Tina Turner, Elton John oder Jon Bon Jovi finden sich im Veranstaltungskalender von Las Vegas. Wer hier auftreten darf, hat es »geschafft«. Das Angebot ist ausgesprochen vielfältig: Es reicht von der guten alten Las-Vegas-Revue mit langbeinigen Showgirls über exzellente Stimm-Imitatoren bis hin zu innovativen Shows wie »O« und avantgardistischen Events wie der »Blue Man Group«.

Auf die wachsende Kasino-Konkurrenz an der Ostküste und vor der eigenen Haustür – selbst Wüstennester wie Laughlin und Mezquite bauen nun Kasinos – reagiert die Stadt mit der für sie typischen Kombination aus kühner Vision und knallhartem Unternehmertum. Das Kalkül: Den Leuten muss mehr geboten werden als Roulette. Im November 1989 eröffnet der Selfmade-Man Steve Wynn sein 630 Millionen Dollar teures »Mirage«, eine 3000-Zimmer-Herberge mit tropischem Dschungel, Delfin- und Tigershows und einem regelmäßig ausbrechenden Vulkan draußen am Strip: Das ist der Startschuss für eine bis in die Gegenwart anhaltende Bauwut. Konsortien wie die Mandalay Resort Group und Mirage Resorts Inc. ziehen immer extravagantere Etablissements hoch.

Die Stadt boomt, und das smogfreie Wüstenklima hilft dabei. Mehr als 1,1 Millionen Einwohner leben heute im Großraum Las Vegas, Rentner, junge

Familien, Unternehmer. Mit 1300 Baugenehmigungen und 5000 neu beantragten Nummerschildern pro Monat ist man die am schnellsten wachsende Stadt der USA. Weitere Groß-Projekte sind anvisiert, allen voran das 2500-Zimmer-Hotel »City by the Bay« (Eröffnung: 2002), das San Franciscos Chinatown und die Golden Gate Bridge rekonstruieren wird.
Die Zeiten, als Platzhirsche wie Howard Hughes regierten, sind jedoch spätestens seit der lautlosen Übernahme des »Mirage« durch das »MGM Grand« Anfang 2000 vorbei. Gesichtslose Konsortien

Aber wozu das alles wissen? Die meisten Touristen, heißt es, verlassen den Las Vegas Boulevard ohnehin nicht, den famosen »Strip«, jene von Süden nach Norden durch die Stadt schneidende Meile, wo die 30 größten Hotel-Kasinos liegen. Tatsächlich verirren sich nur wenige Besucher in das andere Las Vegas. Wer den Strip verlässt, tut dies meist nur, um auf den parallel verlaufenden Paradise und Industrial Roads der Rush Hour zu entgehen. Die ist von 6 bis 10 und 15 bis 19 Uhr, kann sich aber leicht bis nach Mitternacht ausdehnen.

Spaziergang im Botanical Garden des »Bellagio«

und Joint Ventures herrschen nun am Strip. Außer ihren vierteljährlichen Geschäftsberichten verlieren sie kein Sterbenswörtchen an die Presse. Diese stürzt sich ausgehungert auf alles, was an die *good old times* erinnert, als Vegas noch voller schwerer Jungs und leichter Mädchen war. Daher war es fast schon ein Glücksfall, als 1998 Ted Binion, der Besitzer des »Binion Horseshoe Casino«, tot aufgefunden wurde. Die Ermittlungen ergaben ein medienwirksames Komplott aus Liebe, Hass und Gier.

Noch verdienen die Angestellten in den Hotels ausgesprochen gut

Weniger schlagzeilenträchtig ist, dass es derweil der arbeitenden Bevölkerung an den Kragen geht: Zwar ist Las Vegas mit knapp 50000 gewerkschaftlich organisierten Arbeitern und Angestellten die führende »union city« des Landes, können selbst Zimmermädchen vom eigenen Haus am Stadtrand träumen. Doch immer mehr Konsortien schlagen einen strammen Anti-Gewerkschaftskurs ein.

»Bally's«: Förderbänder schaufeln die Touristen in die vollklimatisierte Spielhölle

Es gibt drei touristische Gravitationszentren am Strip: »New Four Corners«, »Old Four Corners« und »Fremont Street«. Die beiden ersten liegen in Fußgänger-Entfernung zueinander. Als »New Four Corners« wird der Kreuzungsbereich von Las Vegas Boulevard und Tropicana Avenue bezeichnet. Hier stehen einige der meis fotografierten Themen-Resorts. Da i das 950 Millionen teure »Mandalay Ba Resort & Casino«, eine 43-stöckige Lu xusherberge mit 3300 Zimmern, ein tropischen Lagune, Haifischtanks un einem 12000 Besucher fassenden Kor

Drei Hektar groß ist der künstliche See des »Bellagio«

Roulette im »Sun Coast Hotel« (unten)

»Circus Circus«: Einchecken unter Zehntausenden Glühbirnen (unten)

Für Las Vegas nur das Allerbeste: Für das »Bellagio« hat der Unternehmer Steve Wynn 1,6 Milliarden Dollar ausgegeben. Besonders teuer war die Kunstsammlung des Hauses: von Rembrandt bis Picasso, alles ist echt – und käuflich. Wer das nötige Kleingeld hat, kann sich eines der Meisterwerke einpacken lassen und mit nach Hause nehmen.

zertsaal. Eine Monorailbahn verbindet das »Mandalay« mit dem »Luxor« und dem »Excalibur«. Das »Luxor Resort & Casino« für 375 Millionen Dollar ist wohl das ungewöhnlichste Hotel-Kasino der Welt: Man spielt, isst und schläft in einer schwarzen Pyramide, deren Atrium das größte der Welt ist und deren Laserstrahl von der 30 Meter hohen Spitze so hoch in den Nachthimmel schießt, dass er angeblich noch vom Flugzeug über Los Angeles aus gesehen wird. Gleich daneben liegt das »Excalibur« (300 Mio.), eine bonbonfarbene Ritterburg mit Wassergräben und Zugbrücke.

Am Strip wurden in den letzten Jahren Milliarden verbaut

Die Fassade des »New York-New York Hotel & Casino« (460 Mio.) jenseits der Tropicana Avenue ist eine verkleinerte Version der Skyline Manhattans und reüssiert als größtes Stück Pop-Art überhaupt. Gegenüber steht das »MGM Grand Hotel & Casino«. Der metallicblaue Klotz kostete eine Milliarde Dollar, die Erweiterung 1999 verschlang weitere 575 Millionen. Hier stehen die meisten Slot Machines der Stadt sowie 3500 Roulette- und Blackjacktische. Nebenan kann man auch in Badehose oder Bikini zocken: Das »Tropicana Resort and Casino« verfügt über einen Wasserpark und die einzigen Blackjacktische in Las Vegas, die man nur schwimmend erreicht. Feiner geht es im französisch inspirierten »Monte Carlo Resort & Casino« (344 Mio.) zu. Alles in allem warten in den »New Four Corners« 15000 Spielautomaten, 21000 Hotelzimmer und 75000 Angestellte auf Besucher.

Zwei Blocks weiter nördlich kreuzt die Flamingo Road den Strip. Dies sind die »Old Four Corners«, aber »alt« heißt längst nicht »überholt«. Nach dem nagelneuen »Aladdin« lenkt eine immerhin 50 Stockwerke hohe Miniaturausgabe des Eiffelturms die Aufmerksamkeit auf das »Paris Las Vegas« (750 Mio.), das sich

Ein Königreich für eine Bank: In Las Vegas sind Bänke zum Ausruhen eine Rarität

Viva Las Vegas: Nicht nur die Sonne, sondern auch gute Arbeitsbedingungen sorgen beim Hotelpersonal für gute Laune

ranzösisch genug gibt, um selbst die Toiletten mit »Hommes« und »Femmes« auszuweisen. Der Bau des 36 Stockwerke hohen »Bellagio« gegenüber, zu dessen Füßen das Dorf Bellagio am Comer See nachgestellt wurde, verschlang schlappe 1,6 Milliarden Dollar. Das Geld floss vor allem in den künstlichen See, den Konzertsaal und die 300 Millionen Dollar teure Kunstsammlung.

Spätestens hier – die nächtlichen Wasserspiele vor dem Hotel würde man gern sitzend bewundern – stellt man fest, dass es auf dem Strip keine einzige Bank zum Verschnaufen gibt. Ausruhen? Geldverschwendung! Man soll die Beine bitteschön drinnen strecken, am Spieltisch, vor der Slot Machine oder wenigstens im Restaurant. Jedenfalls nur dort, wo man Geld loswerden kann! Neben dem »Bellagio« lockt die Mutter aller Themen-Resorts, das gute alte »Caesar's Palace«, das 1966 die Augenwischerei großen Stils begann und auch mit den »Forum Shops« Pionierarbeit leistete. Gleich daneben steht das »Mirage«, dessen 75 000-Liter-Aquarium hinter der Rezeption allein den Besuch wert ist.

Und als wären die Vulkanausbrüche vor der Tür nicht genug, geht ein paar Meter weiter alle 90 Minuten eine lebensgroße britische Fregatte unter: »Treasure Island« (430 Mio.) heißt das im Stil alter Piratenfilme dekorierte Themen-Resort, das man durch schwere Tore mit Totenkopfgriffen betritt. Vorläufig der letzte Mega-Magnet in diesem Kreuzungsbereich ist das »Venetian« (1,2 Milliarden). Es stellt einen venezianischen Dogenpalast nach, verfügt über einen Campanile und natürlich auch über eine Kopie der Rialto-Brücke. Drinnen setzen sich fußmüde Besucher in Gondeln und gleiten auf Kanälen durch die Grand Canal Shops. »Shoppertainment« vom Feinsten!

Auf halbem Weg Richtung Downtown passiert man das »Stratosphere Hotel, Tower & Casino«. Der höchste Turm westlich des Mississippi verfügt über ein 1500-Zimmer-Hotel, Kasinos, ein Drehrestaurant im 106. Stock mit fantastischen Aussichten und, an seiner Spitze, über die Achterbahn »Big Shot«, die Besucher mit guten Nerven noch höher in den Himmel schießt.

ightshow mit 2,1 Millionen Glühbirnen

Computergesteuerte Lightshow: Fremont Experience

Der Kreuzungsbereich von Las Vegas Boulevard und Fremont Street ist der historische Stadtkern und das dritte Zentrum. Unter dem Namen »Fremont Experience« bietet die Straße mehrere überdachte Blocks entlang jede Nacht die schrillste Lightshow des Landes. Und durch einige der älteren, charmant verlotterten Hotel-Kasinos mit ebenso aussehendem Personal weht ein Hauch fünfziger Jahre. Das 1941 eröffnete »El Cortez« ist das älteste noch in Betrieb befindliche Kasino Nevadas, eine liebenswerte, von Einheimischen besuchte Spielhölle mit kleinen, aber gemütlichen Gästezimmern. Schwarzweiße Fotos an den Wänden dekorieren das »Golden Gate«, wo der Kaffee- und Pancakegeruch vom Diner zu den Spielautomaten und Roulettetischen hinüberweht. Das »Golden Nugget« ist mit 2000 Zimmern das größte und feinste Hotel-Kasino in

Das »alte« Las Vegas in der Fremont Street

Downtown. Namensgeber ist der in der Lobby ausgestellte Nugget: Mit 61 Pfund ist er der schwerste öffentlich zu besichtigende Goldklumpen der Welt.

Las Vegas sehen – und flüchten. Kaum ein Besucher hält es hier länger als zwei, drei Tage aus. Jedoch, gesehen haben muss man die Stadt. Las Vegas liegt in der Mojave-Wüste, verzeichnet aber mit 1140 Litern pro Einwohner und Tag den höchsten Wasserverbrauch des Landes. Die Stadt, geographisch die entlegenste der USA, ist aber von allen US-Metropolen die am leichtesten erreichbare. Allein dass diese Stadt existiert, ist faszinierend genug. Skandale, die Besteuerung der Kasinos, Wasserknappheit (siehe Seite 98f), eine neue Prohibition – potenzielle Probleme gibt es reichlich. Doch was immer die Zukunft bereithält, eines ist gewiss: Las Vegas wird es überleben. Und zwar mit Glanz und Gloria.

Downtown: Hotelangestellte machen eine Pause

Die Fremont Street in Downtown Las Vegas hat das, was der »Strip« manchmal vermissen lässt: Charakter. Charmant-verlebte Hotel-Kasinos mit zerbeulten alten Slot Machines, an denen die Einheimischen spielen, die letzten Striptease-Bars und altmodische Diner, deren Kellnerinnen nicht wie aus dem Ei gepellt aussehen, machen den Bummel auf der Fremont Street zu einer Zeitreise in das Vegas der 1950er-Jahre.

REISE-INFO
LAS VEGAS

Karte: Seite 112/113, Planquadrat F 4.

Anreise: Der Las Vegas McCarran International Airport (Tel. 702/261-5733) liegt 8 km vom Strip entfernt. Er wird von über 70 Airlines angeflogen, darunter täglich auch aus Deutschland. Im Minutentakt verkehrende Shuttles zu den Hotels am Strip kosten 5 US-$, nach Downtown 8 US-$. Taxen nehmen 1,50 US-$ pro Meile.
Nach Los Angeles sind es mit dem Auto 435 km bzw. 5 Std. auf der I-15, nach dem 670 km entfernten Salt Lake City brauchen Autofahrer knapp 8 Std.

Nahverkehr: Zwischen 9 und 2 Uhr morgens verkehren Trolleybusse (Tel. 702/382-1404, 1,40 US-$ pro Person) im 20-Minuten-Rhythmus zu allen großen Hotels zwischen »Luxor« und »Stratosphere Tower«. Die Busse des CAT (Citizens Area Transit, Tel. 702/228-7433) verkehren außer am Strip (hier 24 Std.) im gesamten Las Vegas Valley. Taxen sind für Besucher, die auf dem Strip bleiben, keine Alternative. In einer Stretch-Limo wird der Weg dagegen zum Ziel: Bell Trans (Tel. 702/385-5466) vermietet die 10 m langen »Schiffe« ab 35 US-$ pro Stunde.

Unterkunft: 34 Mio. Besucher pro Jahr füllen die 140000 Zimmer im Handumdrehen, besonders an (langen) Wochenenden und Feiertagen. Dazu kommen Konzerte und Konferenzen. Eine Nebensaison gibt es nicht, die Preise richten sich danach, was gerade läuft. Das kann zu spektakulären Preisunterschieden für ein und dasselbe Zimmer führen. Als »langsame Monate« gelten Dezember (ohne Feiertage) bis Februar, Juli und August.
Günstig sind die Tage zwischen Sonntag und Donnerstag, dann kann man schon für 70–130 US-$ in einem der eleganten Kasino-Hotels unterkommen. Übrigens findet der Buchungsservice der Las Vegas Convention and Visitors Authority (Tel. 1-800-332-5333) oder das Las Vegas Reservations Bureau (Tel. 1-800-831-2754) oft doch noch ein Zimmer im angeblich vollen Hotel.
In Downtown gilt das »Golden Nugget Hotel« (129 E. Fremont St., Tel. 702/385-7111, Fax 386-8362; www.goldennugget.com) mit seiner goldenen Lobby als erste Adresse. Preiswerte Alternativen sind hier das »Binion's Horseshoe Hotel & Casino« (128 E. Fremont St., Tel. 702/382-1600, Fax 384-1574) und das »El Cortez Hotel« (600 E. Fremont St., Tel. 702/385-5200, Fax 385-1554; www.elcortez.com).
Am Strip gilt das 5-Sterne-Hotel »Four Seasons« (3950 Las Vegas Blvd., Tel. 702/632-5000, Fax 632-5222; www.fourseasons.com) in der 35. bis 39. Etage des »Mandalay Bay Resort« als feinste (und teuerste) Adresse.
Knapp dahinter folgen das nagelneue »Aladdin Resort & Casino« (Nr. 3667, Tel. 702/785-5555; www.aladdincasino.com), das »Venetian Resort Hotel & Casino« (Nr. 3355, Tel. 702/733-5000, Fax 414-4805; www.venetian.com), das »Bellagio« (N 3650, Tel. 702/693-7111, Fax 693-8546 www.bellagiolasvegas.com), das »Luxor (Nr. 3900, Tel. 702/262-4000, Fax 262 4452; www.luxor.com) und das »Mirage (Nr. 3400, Tel. 702/791-7111, Fax 791 7446; www.themirage.com).
Luxus jenseits des Strip verspricht da »Regent Las Vegas Casino-Hotel« (221 N Rampart Blvd., Tel. 702/869-8777) mit Gol platz.
Etwas preiswertere Alternativen sin »Bugsy« Siegels innen noch immer pin gehaltenes »Flamingo Hilton« (Nr. 3555 Tel. 702/733-3111, Fax 733-3353; www hilton.com), das europäisch-elegant »Monte Carlo Hotel & Casino« (Nr. 377C Tel. 702/730-7777, Fax 730-7200; www monte-carlo.com) und das »Treasur Island« (Nr. 3300, Tel. 702/894-7111, Fa 894-7446; www.treasureisland.com).
Am unteren Ende der Preisliste rangiere die Motels am Südende des Strip. Ein gute Adresse für Last-Minute-Buchunge ist das »Westward Ho Motel & Casino (Nr. 2900, Tel. 702/731-2900, Fax 731 6154; www.westwardhc com). Gute Adressen zun Geldsparen sind noch di »Budget Suites of America (1500 Stardust Rd., Te 702/732-1500, Fax 732 2656; www.budgetsuites com) und das größte »Mo tel 6« der USA (195 E. Tropi cana Ave., Tel. 702/798-072 Fax 798-5657; www.motel6 com).

Restaurants: 900 Restau rants, Tendenz steigenc füttern hungrige Besuche Vom Shrimp-Cocktail fü 99 Cent bis zu den Kreatio nen der berühmtesten Kü chenchefs der Welt biete Las Vegas alle kulinarische Genüsse. Am unteren End der Preisskala rangieren di Outlets nationaler Diner Ketten. Eine Institution sinc die »All-U-Can-Eat-Buffets« die jedes größere Hotel Kasino betreibt: Für vier bi 14 US-$ kann man sich mor gens, mittags und abend mit kalifornischen, mexika nischen, fernöstlichen unc anderen Delikatessen vo stopfen.

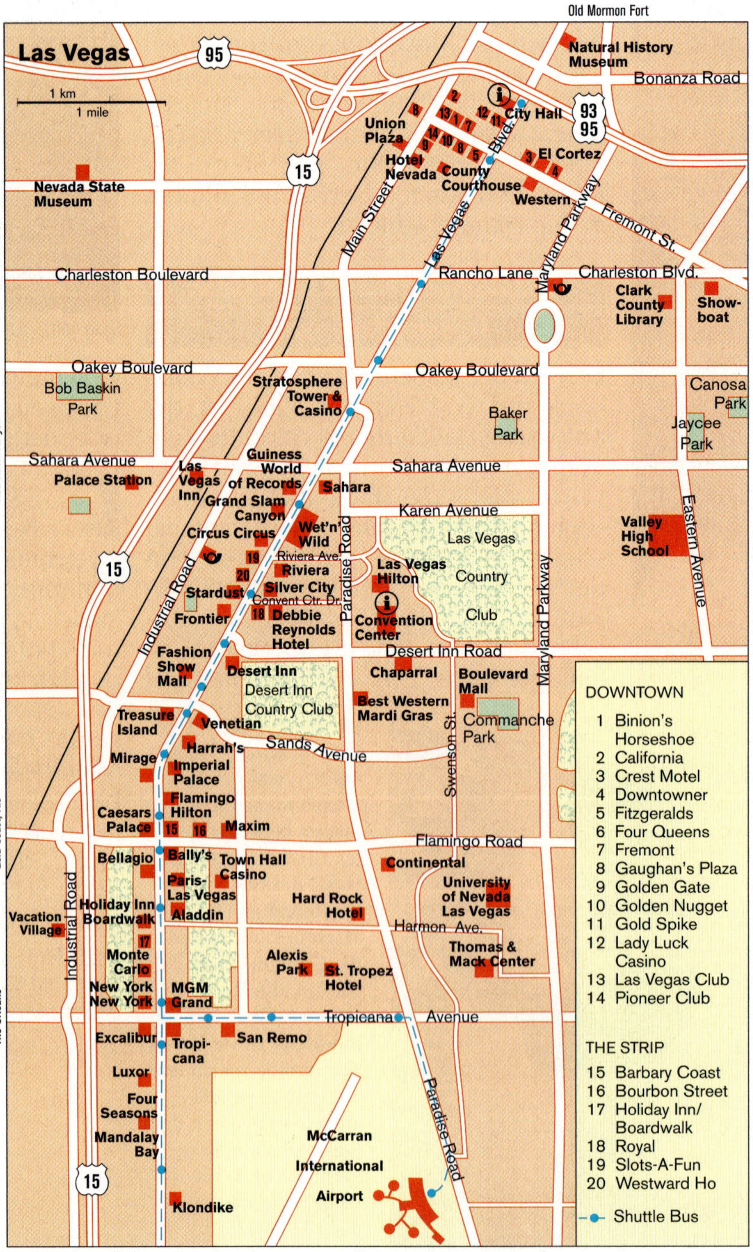

Inzwischen leben rund 50000 Menschen in Las Vegas

Dinner mit Aussicht: Im Restaurant des Stratosphere Tower liegt einem Las Vegas zu Füßen

Seit ein paar Jahren ist Las Vegas auch eine Gourmet-Destination. Die kulinarische Revolution wird angeführt von postmodernen Essstuben wie dem elegant-kühlen »Aureole« (Tel. 702/632-7401) im »Mandalay Bay Resort«, wo Kellner die gewünschte Flasche an Seilen und Karabinerhaken hängend aus einem gläsernen, vierstöckigen »Weinkeller« holen. Immer voll ist »Spago Las Vegas« (Forum Shops at Caesar's, Tel. 702/369-6300), Wolfgang Pucks Statthalter der leichten kalifornischen Küche. Herzhafte Steaks gibt es im »Luxor Steakhouse« (Tel. 702/262-4778, im »Luxor«), hervorragend hier auch die mit Couscous und Pistazien gefüllten Hühnchen. Essen mit Aussicht bietet das »Top of the World« (2000 Las Vegas Blvd., Tel. 702/380-7711), das Drehrestaurant im Stratosphere Tower.

Shows, Konzerte, Tanzen: Seit »Bugsy« Siegel im »Flamingo« erstmals Entertainer auf die Bühne holte, steht Las Vegas für langbeinige Showgirls, teure Revuen und spektakuläre Acts. An jedem beliebigen Wochentag finden in Las Vegas mindestens 50 erstklassige Shows statt – ganz zu schweigen von den zahllosen Darbietungen in Bars, Restaurants und Lounges. Die Ticketpreise variieren zwischen 40 US-$ für Dauerbrenner wie »Master Magician Lance Burton« (im »Monte Carlo Hotel & Casino«) und »Crazy Girls« (im »Riviera Hotel«, 2901 Las Vegas Blvd., Tel. 702/794-9433), die beste der wenigen verbliebenen Topless-Shows, und 110 US-$ für die spektakuläre Wasser-Show »O« des Cirque de Soleil (im »Bellagio«). In der oberen Preisklasse (70–100 US-$) rangieren auch noch die New-Age-Shows »Mystère« (im »Treasure Island«) und »Blue Man Group« (im »Luxor«), die ewig jungen »Siegfried & Roy« (im »Mirage«, drei Tage im Voraus buchen!) mit ihren weißen Tigern, und »EFX« (im »MGM Grand«, 3805 Las Vegas Blvd., Tel. 702/891-7777), eine Special-Effects-Show. Über das Wann und Wo geben die Stadtmagazine »Today in Las Vegas« und »What's On in Las Vegas« Auskunft. Konzertsäle wie die 15 000-Plätze-MGM Grand Arena und die 12 000-Plätze-Mandalay Bay Arena haben Las Vegas zum Magnet für Mega-Stars gemacht. Elton John, Tina Turner, Whitney Houston, Van Halen: kein Tag in Vegas ohne Pop und Rock auf Weltniveau. Die Stones, Eagles und Tom Petty bevorzugen übrigens »The Joint«, eine 1800-Plätze-Halle im »Hardrock Hotel« (4455 Paradise Rd., Tel. 702/693-5000). Die beste Adresse für Jazz ist der »Blue Note Jazz Club« im »Aladdin«. Mehr in den Stadtmagazinen. Diskotheken fallen nicht gleich ins Auge. Selbst die besten Tanzböden muss man suchen: Das riesige »Studio 54« im »MGM Grand« gilt als »hot spot«, im »The Nightclub« im »Las Vegas Hilton« (3000 Paradise Rd.) und im »Ra« im »Luxor« rockt man jede Nacht zu Livemusik ab. Im »Club Rio« sorgen Go-Go-Girls für die richtige Stimmung.

Einkaufen: Shopping in Vegas ist »in«. In den Mega-Resorts zeigen elegante Fashion Malls alle berühmten Designer, in hübschen Cafés kann man beim Espresso Leute beobachten. Architektonische Extravaganzen wie künstliche Himmel, italienische Piazze und arabische Kulissen sorgen für Kurzweil. Das »Bellagio« beherbergt Chanel, Tiffany, Gucci, Hermès, Armani, die Forum Shops im »Caesar's Palace« Cartier, Ted Lapidus und 70 andere Luxusläden. Die Grand Canal Shopes im »Venetian« sind ein sympathisches Gewirr aus Gassen, Kanälen und Brücken und bieten v. a. Trendmarken wie Kenneth Cole und BCBG.
Außerhalb der Stadt warten Factory Outlets auf Schnäppchenjäger. Ein paar Kilometer südlich vom »Mandalay Bay« liegen u. a.: Belz Factory Outlet World (75 Läden, u. a. Levi Strauss, Bass, Nike, Stone Mountain; 7400 Las Vegas Blvd.), Vegas Pointe Plaza (40 Läden, u. a. Van Heusen, Converse, Mikasa; 9155 Las Vegas Blvd.).

Heiraten: Nirgends sonst schließt sich der Bund fürs Leben leichter und

Schnell und problemlos: Hochzeit in Las Vegas

Jedem seine Suite: Im »Venetian« gibt es keine Zimmer mehr, sondern nur noch Suiten

schneller. Inzwischen sind es jährlich 110 000 Paare, die in Las Vegas heiraten. Kurzentschlossene, aber auch jene, die im Grand Canyon, im freien Fall oder an anderen ausgefallenen Orten heiraten wollen, können sich an die S. F. J. Las Vegas Inc. (Tel. 702/458-1255, www.las-vegas-heiraten.de) wenden. Die einzige deutschsprachige lizensierte Wedding Service Company der Stadt organisiert nicht nur den wichtigsten Augenblick im Leben, sondern liefert sogar komplette, auf die Wünsche ihrer Kunden maßgeschneiderte Arrangements gleich mit.

Wer seine Hochzeit selbst organisieren möchte, benötigt zuerst eine »Marriage License« (35 US-$ und Reisepass), die es im Clark County Courthouse gibt (200 S. Third St., tgl. geöffnet). Die Hochzeit in einer der »Wedding Chapels« am Nordende des Strips ist dann in zehn Minuten erledigt (40–60 US-$; ohne Voranmeldung und rund um die Uhr möglich). Damit die Ehe auch zu Hause anerkannt wird, ist es notwendig, die Heiratsurkunde im Clark County Recorders Office (500 S. Grand Central Parkway, Tel. 702/455-4336) beglaubigen zu lassen (7 US-$, ein Tag Wartezeit) und dann beim Sekretary of State (101 North Carson St., Carson City, Tel. 775/684-5708) eine beglaubigte Abschrift zu beantragen (20 US-$).

Sehenswürdigkeiten: Die Casino Legends Hall of Fame im »Tropicana« (3801 Las Vegas Blvd., So–Do 8–21, Fr–Sa 8–24 Uhr) feiert Las Vegas mit alten Gangsterfotos, Slot Machines und anderen launigen Memorabilia. Herrlich kitschig ist das Liberace Museum (1775 Tropicana Ave., Mo–Sa 10–17, So 13–17 Uhr), das die diamantbesetzten Kleider, Pianos und Autos des extravaganten Entertainers zeigt. Hitlers 1939er-Mercedes, die größte Düsenberg-Sammlung der Welt und viele andere Traumautos zeigt das Imperial Palace Automobile Museum (im »Imperial Palace Hotel«, 3535 Las Vegas Blvd., tgl. 9.30–23.30 Uhr). Pflicht für alle Star-Trek-Fans ist »Star Trek« im »Las Vegas Hilton« (3000 Paradise Rd., tgl. 11–23 Uhr). Beliebt als Fotomotiv: die Candlelight Wedding Chapel (2855 Las Vegas Blvd., Tel. 702/735-4179), die aktivste der mehrere Dutzend Hochzeitskapellen der Stadt. Bei den Schnellhochzeiten kann jeder zuschauen.

Kühlung bietet der Wet 'n' Wild Water Park (601 Las Vegas Blvd., Mai–Okt. tgl. 10–20 Uhr) mit seinen Wasserrutschen. Einen interessanten Blick in die Regionalgeschichte verspricht das Nevada State Museum (700 E. Twin Lakes Dr., tgl. 9–17 Uhr).

Die größte Lightshow der Stadt ist gratis: Jede Nacht zur vollen Stunde machen in Downtown Las Vegas 2,1 Mio. Glühbirnen die Nacht zum Tage. Ort des »Fremont Experience« genannten Spektakels: Fremont Street zwischen Main und 4th St.

Organisierte Tagestrips: Hubschrauber-Touren in einem Radius von 250 km um Las Vegas (z. B. Scenic Airlines, Tel. 702/638-3300 oder »Heli USA«, Tel. 702/736-8787), Raftingtouren auf dem Colorado und Allrad-Expeditionen in die Mojave-Wüste gehören zu jedem Las-Vegas-Aufenthalt.

Ein profilierter Veranstalter ist Las Vegas Experts, den man bereits in Deutschland buchen kann (Las Vegas Experts, Hubert C. Schmidt, Hauptstraße 2, 95119 Naila, Tel. 09282/ 979100, Fax 9791050; www.lasvegas-experts.com).

Information: Las Vegas Convention and Visitors Authority, 3150 Paradise Road, Las Vegas, Nevada, USA 89109-9096, Tel. 702/892-2855, Fax 892-2824 (www.lasvegas24hrs.com).

Gutes Informationsmaterial bekommt man in Deutschland bei der Las Vegas Convention & Visitors Authority, Herzogspitalerstr. 5, 80331 München, Tel. 089 23662130, Fax 2604009, E-Mail think@mangum.de. Weitere interessante Info-Seiten im Internet: www.lasvegas.com und www.lasvegas360.com.

Importe wie das »Spago« haben Las Vegas auch zu einem Ziel für Feinschmecker gemacht

McCANN-ERICKSON
TAXIRENNEN ZUM FLUGHAFEN: € 45
TICKET AM COUNTER: € 322,50
ÜBERGEPÄCK: € 14
Endlich im Flieger: UNBEZAHLBAR
www.eurocard.de

Wunder der Technik, imposante Natur

Gr. Foto: Blick auf den Hoover Dam. Kl. Foto: Zabriskie Point, Death Valley National Park.

Gleich hinter der Stadtgrenze von Las Vegas beginnt die Mojave-Wüste. Wer Abwechslung von den Megahotels und Spieltischen sucht, findet sie hier im Umkreis von drei Autostunden. So lange fährt man bis zum Death Valley im benachbarten Kalifornien. Hingegen sind es nur 20 Minuten vom Strip bis zum wunderschönen Red Rock Canyon und 45 Minuten zum Hoover Dam. Von dort stammt der Strom für den Neonglanz der Spieler-Metropole.

Auch wenn sie für viele Amerikaner mit dem Flugzeug leichter zu erreichen ist als Kanada: Zu ebener Erde gilt Las Vegas als die entlegenste Stadt der USA. Zweieinhalb Autostunden sind es nach Barstow in Kalifornien, zwei nach St. George in Utah, den nächsten größeren Städten. Dazwischen gibt es nichts, gleich hinter der City Line ist Schluss. Oder? Wer hier lebt, sieht die Dinge differenzierter. Hiesige schwärmen von wohl tuenden Temperaturunterschieden, grünen Wiesen und Wäldern, von blauen Seen und »Soul Searching« in schweigenden Felslandschaften. Wo? Eine halbe Autostunde außerhalb. Und, so sagen sie, im Umkreis von 150 Kilometern lägen noch mehr Augenweiden. Leaving Las Vegas!

Und tatsächlich: Dramatischer kann man sich den Kontrast kaum vorstellen. Die Neon-Kapitale im Rückspiegel, die Kalk- und Sandsteinmauer der Spring Mountains vor der Haube, erreicht man auf dem W. Charleston Boulevard den Red Rock Canyon in nur 20 Minuten. Erosion, Wind und Wetter haben hier ein weitläufiges Amphitheater mit spektakulären Felsformationen geschaffen. Über die mit Kakteen, Yuccas und Joshua Trees bedeckten »Ränge« führt eine 21 Kilometer lange Rundfahrt, der »scenic loop«, hinauf zu engen, bisweilen schulterbreiten Canyons und mächtigen Felsbrocken. Am späten Nachmittag fängt die Felslandschaft im Licht der untergehenden Sonne gelb, orange und rot zu leuchten an. Hiker und Climber genießen die glatten Felswände und erträglichen Temperaturen, die zehn Grad unter denen in Las Vegas liegen. Der Blick hinab auf Vegas ist beachtlich, die Stille in den kühlen Canyons nach dem Lärm in der Stadt berauschend.

Bevor die Sonne hinter den Bergen verschwindet, sollte man auch der knapp vier Kilometer entfernten Spring Mountain Ranch einen Besuch abstatten. Ein unerwartet idyllisches Fleckchen

Out of Las Vegas: Zu Füßen der Spring Mountains ticken die Uhren langsamer

Ein unvergessliches Erlebnis ist ein Ritt durch die Wüste

Erde: Zu Füßen der hoch aufragenden Bergkette schmiegt sich das im Neuengland-Stil erbaute Ranchgebäude in einen Eichenhain. In den 1860er-Jahren errichtet, blieb die Ranch in Familienbesitz, bis nach dem Zweiten Weltkrieg reiche Investoren diese Oase entdeckten. Vera Krupp, die Frau des Industriemagnaten Alfred Krupp von Bohlen, kaufte das Anwesen und lebte hier eine Weile fern aller Reporter, danach erwarb Howard Hughes 1967 die Ranch und ließ sich stilgemäß nie dort sehen. Seit 1971 ist das Anwesen ein State Park mit einer interessanten kleinen Ausstellung und den schönsten Picknickplätzen im Großraum Las Vegas.

Es geht aber auch ganz anders. Eine starke Tagestour ist Death Valley, das berühmt-berüchtigte »Tal des Todes« jenseits der Grenze in Kalifornien. Die Fahrt dorthin führt quer durch die Spring Mountains, vorbei an Canyons und staubigen Trailheads, die nur FWDs schaffen. Dann geht es hinab in das endlos breite, von graugrünen Beifußbüschen bedeckte Pahrump Valley.

ie Spring Mountain Ranch steht unter Denkmalschutz

Red Rock Canyon: Kletterer ... ... und Ruhepause mit Aussicht (unten)

wischen Las Vegas nd der Grenze zu alifornien erhebt sich ie bis zu 3633 Meter ohe Spring Mountain ange. Die Region ist in beliebtes Naherhongsziel für die Menchen aus Las Vegas. ier entspannte sich uch der Milliardär oward Hughes, dem inst die Spring Mounain Ranch gehörte.

Exotik à la Pahrump: Wein und Weib

Nach 60 Kilometern auf dem schnurgeraden Highway 160 – Schilder warnen vor streunenden Kühen und wilden Eseln, die hier »burros« heißen – kommt Pahrump, als Schlafstadt für Las Vegas ebenfalls in Boomstimmung: In jedem dritten Geschäft sitzt ein Häusermakler, jedes fünfte Gebäude ist eine Tankstelle. Aber selbst hier ist Platz für Exotik. Beispielsweise bringen die Pahrump Valley Wineyards, Nevadas einziges Weingut, mit respektablen Cabernets und Merlots, etwas Lifestyle, während die »Chicken Ranch« hingegen ... well, dies ist Nye County, und Nye County erklärte irgendwann als einziger Bezirk Nevadas die Bordell-Prostitution für legal. Die Chicken Ranch« gilt als das am längsten betriebene Freudenhaus Amerikas. 1905 in La Grange, Texas, gegründet, wurde es in Büchern, Rocksongs und sogar einem Musical verewigt. Von der »moralischen Mehrheit« im Süden vertrieben, kam es 1976 hierher, wächst und gedeiht seitdem und ist so etwas wie eine alternative Touristenattraktion.

Historische Fußnoten mit »human touch« auch im halb verlassenen Death Valley Junction jenseits der State Line: Marta Becket's Amargosa Opera House, der Traum der Tänzerin Marta Becket, die 1968 ihre Karriere an der Ostküste an den Nagel hängte, das alte Theater renovierte und in vierjähriger Handarbeit das zunächst fehlende Publikum an die Wände malte. Zu ihren Aufführungen reisen inzwischen selbst verwöhnte Las Vegans an.

Death Valley: Reise durch 200 Millionen Jahre Erdgeschichte

Hinter Death Valley Junction schließt man am besten die Fenster und stellt die Klimaanlage auf Volldampf, denn fortan geht es nur noch abwärts. Death Valley National Park ist ein 230 Kilometer langer und von bis zu 3000 Meter hohen Gebirgszügen gerahmter Grabenbruch. 1500 Quadratkilometer des Parks liegen sogar unter dem Niveau des Meeresspiegels. Mit seinen Salzseen, Wanderdünen, vielfarbig kolorierten Canyons und bizarren Felsformationen ist das »Tal des Todes« eines der spektakulärsten Wüstengebiete der Welt.

Die Fahrt auf dem Talboden ist ein bizarrer Trip durch 200 Millionen Jahre Erdgeschichte. Damals lag ein Meer über der Region und lagerte Sedimente und Fossilien ab. Vor 35 Millionen Jahren schufen Erdbeben und Vulkane die Gebirge und brachten den Talboden zum Sinken. Seen folgten, sie modellierten die heute sichtbaren Felsskulpturen und hinterließen vielerorts grauweiß glitzernde Salz- und Alkaliablagerungen.

Death Valley: Der Unheil verkündende Name soll von einem Goldgräber stammen, der 1848 hier das Fürchten lernte. Wer jedoch genauer hinsieht, wird eher den Biologen Recht geben: Trotz weniger als 50 Millimeter Niederschlag pro Jahr gedeihen hier rund 970 Baum- und Pflanzenarten, darunter 21 nur hier vorkommende, sowie 13 Kakteenarten. Das Motto »Die Wüste lebt« gilt vor allem während der Blütezeit von Ende Februar bis Mitte April. Hinzu kommen wenigstens 51 Säugetier-, 36 Reptilien- und fünf Amphibienarten. In der menschenabweisenden Mondlandschaft noch am leichtesten zu sehen sind die robusten Bighorn-Schafe sowie Kojoten und Wüstenfüchse.

Stovepipe Wells: Sanddünen sind in der Stein- und Geröllwüste des Death Valley selten

»Furnace« heißt Hoch-, Schmelz- oder auch Backofen, aber erst einmal hier unten, sind einem solche Feinheiten egal. Die Hitze ist höllisch. Die Gegend um Furnace Creek, dem Zentrum menschlicher Aktivitäten im Valley, verzeichnet im Sommer Spitzentemperaturen um 50 Grad. Selbst die paar Schritte vom Auto zum modernen Besucherzentrum machen nur die wenigsten ohne Wasserflasche. Trotzdem knattern hier die Blätter zahlreicher Dattelpalmen im Wüstenwind, die 1924 gepflanzt wurden. Man kann hier sogar einchecken, und zwar mit allem Komfort: Das im Schatten schöner Tamariskenbäume liegende »Furnace Creek Inn & Ranch Resort« ist eine weitläufige Hotel- und Freizeitanlage mit Pool, Cafés, Restaurants und dem mit 64 Meter unter dem Meeresspiegel liegenden tiefsten Golfplatz der Erde.

Unterwegs in der Artist's Palette im Death Valley

Kojote: Begegnung am Wegesrand

Gott sei Dank ist Amerika eine Autofahrer-Gesellschaft. Vor Märschen durch die sengende Hitze wird man also verschont, alle Naturschauspiele liege

Nur im Frühjahr und Herbst ist die Hitze im Valley erträglich (unten)

Der Badwater-Salzsee ist der tiefste Punkt der westlichen Hemisphäre (unten)

)er Death Valley \lational Park ist der ;rößte Nationalpark ler Region. Umgeben on bizarr erodierten, ı allen Farben schil- ernden Dreitausen- lern, ist das Tal des odes eine einzigartige Aondlandschaft aus erkrusteten Salzseen nd tief in die Berg- üge schneidenden Canyons.

Erinnerungsfoto vor Dante's View in 1664 Metern Höhe (unten)

nur ein paar Gehminuten von Parkplätzen entfernt. Zum 1677 Meter hohen »Dante's View« arbeitet sich die Dante's View Road gar die steilen Black Mountains hinauf.

Der Blick auf das totenstill daliegende riesige Basin ist atemberaubend. Unmittelbar zu Füßen öffnet sich die weiße Fläche des Badwater-Salzsees, mit 86 Metern der tiefste Punkt der westlichen Hemisphäre. Gegenüber erhebt sich der meist schneebedeckte Telescope Peak (3368 m). Der kleine grüne Flecken am Horizont ist das 34 Kilometer nördlich liegende Furnace Creek.

»Zabriskie Point« und »Artists Drive«: das Farbenspiel der Wüste

»Zabriskie Point«, nicht weniger umwerfend und ein Filmstar obendrein – Michelangelo Antonioni drehte hier die Traumsequenz seines gleichnamigen Filmerfolgs – düpiert das Auge mit in Wellenbewegung erstarrten Felsenrücken, die Farben: gelb, orange, rot. Die Atmosphäre ist unwirklich, unvergesslich. Auf dem »Artists Drive« wird es noch bunter: Die kleine, vom Highway 178/Badwater Road abzweigende Einbahnstraße quetscht sich durch vulkanische Ablagerungen, die sogar pink und purpur schimmern.

Über 170 Kilometer lang und bis zu 152 Meter tief ist Lake Mead

Am Lake Mead gibt es mehrere Marinas

Auf dem See ist auch ein Raddampfer unterwegs

Nach dem Tal des Todes eine Geisterstadt zu besuchen, ist nicht ganz unpassend. In der Abenddämmerung, wenn zarte Pink- und Blautöne die Ruinen weichzeichnen und die tief unten liegende Wüste rötlich glüht, ist Rhyolite am schönsten. Alles hier drehte sich um Gold. 1905 wurde die an einem steilen Berghang liegende Stadt gegründet, vier Jahre später hatte sie 10000 Einwohner, 50 Saloons, vier Tageszeitungen, Oper und Eisenbahnanschluss. Wenige Jahre später war alles vorbei: Das zum Aufspüren weiterer Goldadern benötigte Kapital blieb aus, die letzten Bewohner verließen Rhyolite 1925. An die guten Zeiten, als Rhyolite die drittgrößte Stadt Nevadas war, erinnern die noch immer repräsentativen Bankgebäude und der

Lied der Straße: Im Rückspiegel das unwirkliche Blau des Lake Mead, vor der Nase Stein und Geröll

Bahnhof. Zu erkennen ist auch das Gefängnis, das als das sicherste weit und breit galt (siehe auch Seite 41, 43). Gebuddelt wird in den Gegend noch immer, nunmehr allerdings mit modernster Technologie: Die Barrick Gold Corpc ration beutet im Tagebau die nahe Bu frog Mine aus und hat in den letzte zehn Jahren Gold im Wert von 600 Mi lionen Dollar aus dem Boden geholt.

Lohnende Ausflugsziele von Las Vegas sind auch Boulder City, Hoover Dam und Lake Mead: Alle Broschüren predigen diese Botschaft, etliche Veranstalter bieten Tagestrips dorthin an. Und wer schon einmal dort ist, sollte, heißt es weiter, auch gleich den Valley of Fire State Park mitnehmen und die Spielerstadt Laughlin. Die Hype hat durchaus Hand und Fuß: Der Hoover Dam beeindruckt selbst solche Zeitgenossen, die schon alles gesehen haben, und der tiefblau in der Wüste liegende Lake Mead ist für die nach drei Tagen Las Vegas überreizten Nerven Balsam für die Seele.

Bereits die Fahrt durch die hitzeflimmernde Mojave verlangsamt das Tempo. Henderson gleitet vorbei, mit geflaggten Gebrauchtwagen-Händlern und bunten Fastfood-Restaurants nicht sonderlich attraktiv, dafür aber umso erfolgreicher: Seit 10000 Arbeiter während des Zweiten Weltkriegs die Stadt mitsamt Bombenfabriken aus dem Boden stampften, kennt Henderson nur Hochkonjunktur. Die Hälfte der nicht vom Tourismus lebenden Industrie Nevadas ist hier angesiedelt.
Boulder City dagegen ist anders. Man fühlt sich in einen anderen Staat versetzt, nach Süd-Kalifornien etwa, oder Arizona. Es gibt Galerien, indianische und mexikanische Andenkenläden und immer wieder hübsche Cafés und Restaurants. Werbetafeln und Neonreklame sind Fehlanzeige, Grünanlagen und Parks dagegen die Regel.

Badestrand in der Wüste: Boulder Beach Turbinen im Hoover Dam (unten)

Vassersport in der Vüste – der Lake Aead macht's möglich. Aehrere schöne, leicht on Las Vegas aus rreichbare Strände rmöglichen ein ühlendes Bad. In den Aarinas können Hausoote, Kanus, Dingis, ajaks, Jetski und Vindsurfbretter emietet werden. Mit ber 800 Kilometern üstenlinie ist er vor llem für Hausbootapitäne ein beliebtes evier: Selbst in der Iochsaison finden sie erschwiegene Ankerlätze. Der Las Vegas m nächsten gelegene adestrand ist Boulder each. Den schönsten and gibt es in der cho Bay rund 60 Kiloneter weiter nördlich.

Noch immer ist das Glücksspiel in Boulder City verboten

Was sonst noch fehlt, darauf kommt man erst später: Kasinos! Tatsächlich ist Boulder City die einzige Stadt Nevadas, die das Zocken verbietet. Schuld daran ist der Hoover Dam hinter dem Hügel. Boulder City wurde Anfang der dreißiger

Valley of Fire State Park: Die prähistorischen Felszeichnungen lassen sich von Podesten aus betrachten

Jagdszenen aus einer anderen Welt

Jahre von Washington gebaut, um die 5000 beim Staudamm beschäftigten Arbeiter unterzubringen. Für den zügigen Ablauf der Arbeiten verbot die Regierung Spielen und Trinken. Ob der Hoover Dam deswegen zwei Jahre vor der Zeit fertig wurde, sei dahingestellt.

Die Sitten haben sich seitdem zumindest etwas gelockert: Restaurants dürfen inzwischen eine Alkohollizenz erwerben. Nur Kasinos bleiben weiterhin draußen. Und unkontrolliertes Wachstum: Ein Stadtgesetz schränkt die Zahl der jährlich erteilten Baugenehmigungen stark ein. Dies im Sinn, lohnt sich der Besuch des eleganten, 1933 eröffneten Hotels »Boulder Dam«, wo einst das

Naturwunder Valley of Fire

norwegische Königspaar einkehrte un heute die Chamber of Commerce un das Hoover Dam Museum unterge bracht sind.

Hoover Dam: Wunder der Technik mitten in der Einsamkeit

Hoover Dam liegt gleich um die Eck aber eines vorweg: Bei einer Millio Besucher pro Jahr herrscht auf, in un unter der Staumauer immer Hochbe trieb. Auf dem Weg dorthin baut die vo der Lokalstation eingespielte Werbeser dung die Spannung auf: 221 Meter hoc an der Basis 198 Meter dick, 379 Mete lang, sieben Millionen Tonnen Zemen 1000 Meilen Stahltrossen und so vi Stahlgerüst im Innern wie das Empir State Building! 1931 begonnen und 193 fertig, hat der Hoover Dam damals a Wunder der Technik gegolten.

1928 in Auftrag gegeben, um den Colo rado zu regulieren und seine Energie i Elektrizität umzusetzen, wurde der Flus zunächst mittels in den Fels gesprengte Tunnel umgeleitet. Das allein dauert 16 Monate. Dann kamen Zement, Stal und 17 gigantische Turbinen, die zusam men vier Milliarden Kilowattstunden pro duzieren. Anfang 1935 war der Stau damm fertig, im Februar füllte sich de Lake Mead langsam.

Imponierender Riesenkorken im Black Canyon

Aber jede noch so beeindruckende Sta tistik verblasst, wenn der Hoover Dar nach einer letzten engen Kurve tatsäch lich in Sicht kommt. Wie ein gigantische Korken verstopft er den Black Canyo mehr als 200 Meter Höhendifferenz zw schen Lake Mead und Colorado Rive schaffend. Der Blick von der Staumaue – der nunmehr zweispurige Highwa führt auf ihr hinüber nach Arizona – i grandios. Oder Übelkeit erregend, j nachdem.

Fast schon eine Sehenswürdigkeit i auch das für 450 Autos angelegte, in de Fels gesprengte Parkhaus. Das neu 1995 eröffnete Besucherzentrum hä weitere interessante Informatione bereit. Von hier aus sausen Fahrstühle i 75 Sekunden zur Basis des Damms hin ab, dann führt die »Dam Tour« zu de Turbinen und hinaus ans Tageslicht. M dem Kopf im Nacken ist Hoover Dar einfach nur unglaublich groß.

Boulder City, Lake Mead

Karte: Seite 112/113, Planquadrat F 4.

Unterkunft: Es gibt zahlreiche Hotels und Motels in Boulder City. Einen schönen Blick auf den Lake Mead hat man vom »Best Western Lighthouse Inn« aus (110 Ville Dr., Tel. 702/293-6444, Fax 293-6547, www.bestwestern.com). Auf dem Weg zum Hoover Dam liegen das funktionale »El Rancho Boulder Motel« (US-93, Nevada Hwy. 89005, Tel. 702/293-1085) und, auf einem Felsen hoch über See und Damm, das schrille »Hacienda Hotel & Casino« (vormals »Gold Strike Inn«, US-93, Tel. 702/293-5000, www.haciendaonline.com) mit herrlichem Blick über den Lake Mead auf die zerklüfteten Bergketten. Am Ufer des Lake Mead liegt in der Echo Bay das »Echo Bay Resort« (Overton, Tel./Fax 702/394-4000; www.echobayresort.com) mit eigener Marina und Hausbootverleih.

Sehenswürdigkeiten, Aktivitäten: Das Boulder City/Hoover Dam Museum (444 Hotel Plaza, Tel. 702/294-1988) erzählt die Baugeschichte des Damms mit historischen Fotos und technischen Daten. So vorbereitet, ist der Besuch des Hoover Dam und des spektakulär auf der Staumauer »reitenden« Hoover Dam Visitor Center (Tel. 702/293-8321, tgl. 8–17.45 Uhr) ein Genuss. Das Besucherzentrum ist Ausgangspunkt für zwei täglich stattfindende Besichtigungstouren, die »traditional tours« und die »hard hat tours«. Beide führen Besuchergruppen hinab zu den Turbinen und Generatoren. Bei der »hard hat tour« – hier werden Schutzhelme getragen – erforscht man zudem das weitläufige Tunnelsystem des Hoover Dam. Zwischen Memorial Day und Labor Day wird es eng: Die beste Zeit für einen Besuch ist vor 10 Uhr morgens. Danach herrscht auf der Staumauer und auf der US-93 Stop-and-Go.

Vom Hoover Dam zum Lake Mead sind es 10 km auf der US-93. Mit 366 qkm Fläche und 880 km Uferlinie ist der Lake Mead der größte künstliche See der Welt und ein beliebtes Ziel für Wassersportler und Badegäste. Dem Alan Bible Visitors Center (Tel. 702/293-8906) am nächsten ist Boulder Beach. Ein schöner Ort, um der Tageshitze aus dem Weg zu gehen, ist die Lake Mead Marina (SR-166, Tel. 702/293-3484) 10 km nördlich von Boulder City. Ein weitläufiges Patio-Restaurant mit Blick auf Segelboote und Motoryachten serviert kühle Drinks, Burger, Steaks. Der dreistöckige Raddampfer »Desert Princess« (Tel. 702/293-6180) legt täglich von der Marina zu sechsstündigen Kreuzfahrten ab, Lunch und Drinks inklusive.

Information: Boulder City Ch. of Co., 1305 Arizona St., Tel. 702/293-2034, Fax 293-0574 (www.bouldercitychamber.com).

Death Valley N.P.

Karte: Seite 112/113, Planquadrat E/F 3. Die beste Reisezeit ist zwischen November und Ende April. Dann lassen die Temperaturen Wanderungen und Bergbesteigungen zu.

Unterkunft: Es gibt Unterkünfte jeder Preisklasse. In der oberen Kategorie rangiert das 1927 eröffnete »Furnace Creek Inn & Ranch Resort« (Tel. 760/786-2345, Fax 786-2514, www.furnancecreekresort.com, zentrale Reservierungsstelle für alle Hotels im Park) mit weitem Blick über das »Tal des Todes«. Der Ranch-Teil des »Furnace Creek« ist rustikaler und etwas preiswerter.
Das nördlich von Furnace Creek an der SR-190 liegende »Stovepipe Village« bezeichnet sowohl die Siedlung als auch das Motel (Tel. 760/786-2387; www.stovepipewells.com).

Aktivitäten: Alle Attraktionen des Parks sind per Auto zu erreichen. Mit über 40 Trails ist Death Valley jedoch auch ein Ziel für Wanderer. Von den anstrengenden 22 km auf den Telescope Peak (3368 m) bis zu einstündigen Hikes durch geologische Wunderlandschaften kann der Besucher zwischen Trails verschiedener Längen und Schwierigkeitsgrade wählen. Zwischen November und April organisiert die Parkverwaltung überdies geführte Wanderungen sowie abendliche Informationsveranstaltungen.
Death Valley Junction: Das 1924 von der Pacific Coast Borax Company für ihre Angestellten als Hotel errichtete »Amargosa Opera House« (Tel. 760/852-4441) passt in die Atmosphäre dieses halb verlassenen Ortes auf dem Weg zum Death Valley N.P.
Marta Becket, die eigenwillige Seele hinter diesem Unternehmen, führt einen ebenso ungewöhnlichen Terminkalender, der Aufführungen wie folgt vorsieht: Oktober: Sa; November:

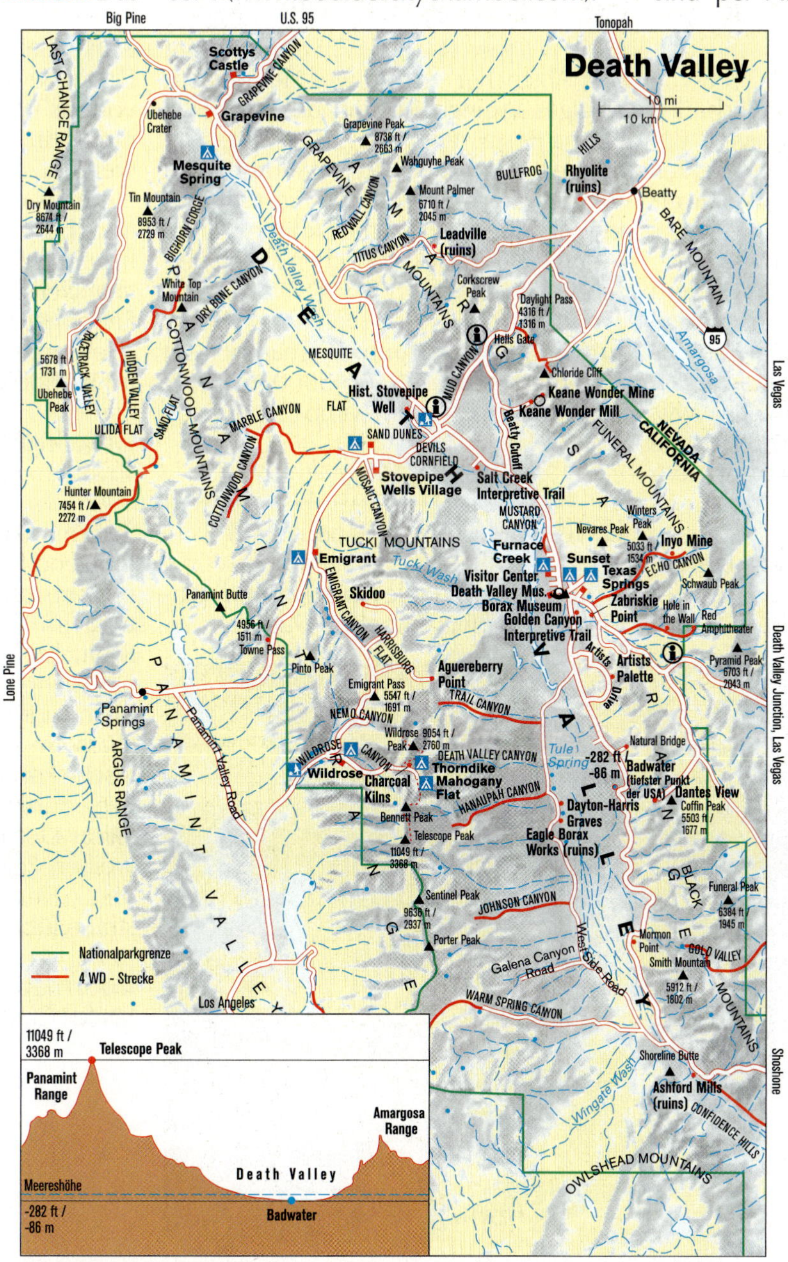

Seit 1994 ist das Death Valley ganz im Osten Kaliforniens ein Nationalpark

Sa/Mo; Dezember–Januar: Sa; Februar bis April: Sa/Mo; Mai nur die ersten beiden Samstage.

Information: Death Valley N.P., Superintendent, P. O. Box 579, Death Valley, California 92328, Tel. 760/786-2331 (www.nps.gov/deva). Besucherzentren in Furnace Creek und Stovepipe Wells.

Laughlin

Karte: Seite 112/113, Planquadrat F 4.

Der Trip in das 114 km südlich von Las Vegas liegende Städtchen eignet sich besonders für Zocker und Wüstenfans. Nach anderthalbstündiger Autofahrt durch die braun-gelbe Mojave-Wüste erreicht man die am Colorado River liegende Spielerstadt. Kaum mehr als 30 Jahre alt, verdankt sie ihre Entstehung der Vision eines einzigen Mannes. 1966 stand hier nur ein Anglershop. Der Unternehmer Don Laughlin, ausgerüstet mit einer Glücksspiellizenz, kaufte ihn und baute ein Hotel-Kasino darüber. Heute ist Laughlin Nevadas drittgrößte Resort-Stadt.

Unterkunft: Fast alle Hotels sind auch Kasinos. Pionieratmosphäre bietet das »Riverside Resort« (1650 S. Casino Dr., Tel. 702/298-2535, Fax 298-2614; www.riversideresort.com), Don Laughlin's erstes Etablissement. Ansehen sollte man sich hier die »Losera's Lounge« mit Bildern berühmter Verlierer. Das wohl einzige schwimmende Hotel Nevadas ist das »Colorado Belle« (2100 S. Casino Dr., Tel. 702/298-4000, Fax 298-3697, www.coloradobelle.com), ein schönes Hotel-Kasino-Schiff mit Zimmern in maritimem Dekor.

Information: Laughlin Visitor Bureau, 1555 Casino Dr., Tel. 702/298-3022 (www.visitlaughlin.com).

Wanderer im Valley of Fire State Park

Pahrump Valley

Karte: Seite 112/113, Planquadrat F 3.

Unterkunft: Zwischen Las Vegas und Death Valley sind Hotels dünn gesät. Eines ist das »Pahrump Station Days Inn« (SR-160, Tel. 775/727-5100).

Sehenswürdigkeiten, Aktivitäten: Die schön an den Hängen der Spring Mountains liegende Pahrump Valley Winery (3810 Winery Rd., Tel. 775/6900) lohnt den Abstecher – allein weil sie Nevadas einziges Weingut ist und über ein Fine Dining Restaurant verfügt. Geführte Touren mit anschließender Weinprobe finden täglich statt (10–16.30 Uhr). Originelles Mitbringsel: Besucher können ihren Wein mit einem persönlichen Etikett versehen lassen.

Information: Pahrump Chamber of Commerce, Tel. 775/727-5800, Fax 727-3909 (www.pahrumpchamber.com).

Red Rock Canyon

Karte: Seite 112/113, Planquadrat F 3.

Unterkunft: 13-Mile-Campground, einfacher Campingplatz ohne Duschen.

Aktivitäten: Der 20 km lange »scenic loop« beginnt und endet am Besucherzentrum (tgl. 7–19 Uhr) und ist eine herrliche Einbahnstraße durch den Canyon, mit einem halben Dutzend Aussichtspunkten, von denen aus bis zu 4 km lange, ausgeschilderte Trails zu geologischen Highlights wie dem kühlen Icebox Canyon und dem Pine Creek Canyon führen. Picknicktische gibt es bei den Quellen Willow Spring und Red Spring.
Die Spring Mountain Ranch nur wenige Kilometer südlich wurde 1974 zum State Park erklärt. Das im Neuengland-Stil errichtete Haupthaus dient seitdem als Besucherzentrum (tgl. 10–16 Uhr) und beherbergt interessante Ausstellungen über die prominenten Besitzer. Im Sommer finden hier Konzerte und Theateraufführungen statt.

Information: Red Rock Visitor Center, Tel. 702/363-1921; Spring Mountain Ranch State Park, Tel. 702/875-4141.

Valley of Fire State Park

Karte: Seite 112/113, Planquadrat E 4.

Das Valley of Fire liegt 90 km nordöstlich von Las Vegas und kann im Anschluss an die Fahrt entlang Lake Mead besucht werden. 1935 zum ersten State Park Nevadas erklärt, bietet das 10 km lange und bis zu 5 km breite Valley of Fire bizarre, von hellrot über orange bis gelb changierende Felsformationen, darunter Felsbögen und elegante Türme, Felsmalereien prähistorischer Indianer und schöne Wanderwege.

Unterkunft: Zwei Campingplätze mit Toiletten, Grills und Picknicktischen.

Sehenswürdigkeiten, Aktivitäten: Ein Dutzend kurzer Trails arbeitet sich durch unübersichtliches Canyon-Land. Der Petroglyph Canyon Trail führt durch enge Schluchten zu Mouse's Tank, einem natürlichen Felsenpool, der einem flüchtigen Indianer in den 1890er-Jahren als Wasserreservoir diente. Zahlreiche indianische Felsenmalereien befinden sich am Weg dorthin.
Silica Dome heißt ein Ensemble aus weißen Felsenmauern, Säulen und Zinnen. Eine spektakuläre Serpentinenstraße führt von Mouse's Tank dorthin.

Information: Valley of Fire State Park Visitor Center, Tel. 702/397-2088.

In Boulder City gibt es einige kleine Galerien mit indianischer und mexikanischer Kunst

Klassisch: Ein in der Wüstensonne gebleichter Kuhschädel markiert in den Spring Mountains Privatbesitz

Red Rock Canyon State Park

Fantastisch ist die Aussicht von Dante's View ins Death Valley

Loop Road: Urlaub vom Strip in Las Vegas

Nur 26 Kilometer westlich von Las Vegas liegt der Red Rock Canyon State Park, ein Schutzgebiet mit zerklüfteten roten Felswänden, die im Licht der untergehenden Sonne besonders intensiv leuchten, und mit zahlreichen indianischen Petroglyphen. Eine ebenso großartige Landschaft bietet der Valley of Fire State Park, 84 Kilometer nordöstlich der Spielerstadt. Wind und Wetter haben dort einen bizarren Felsenirrgarten geschaffen.

Vor etwa 150 Millionen Jahren ist das Valley of Fire entstanden

Raues Land zwischen Boom und Bankrott

Gr. Foto: In einer Silbermine im Ponderosa Western Theme Park. Kl. Foto: Kunst in der Geisterstadt Rhyolite.

Was hat der moderne Mensch alles mit Nevada angestellt! Seitdem er vor 170 Jahren erstmals mit den Einheimischen Kontakt aufnahm, hat er es auf der Suche nach Edelmetallen durchlöchert, ausgehöhlt und zerschnitten. Städte schossen wie Pilze aus dem Boden und zerfielen wenig später. Nevada befand sich in einem ständigen Wechsel zwischen Reichtum und Ruin. Das hat die Menschen geprägt. Doch Nevada ist geblieben, was es immer war: das raueste, einsamste, faszinierendste Stück USA.

Autofahren in Nevada ist ein Genuss. Die US-Highways und State Routes sind makellos und schnurgerade. Gegenverkehr ist selten. Es heißt, junge Europäer kämen hierher, um Strafmandate zu sammeln und zu Hause als Trophäen einzurahmen. Autofahren, wie es sein sollte, ohne Staus und Schilderwälder. Tausend Kilometer an einem Tag? Kein Thema. Das Autoradio wird zum besten Freund und »talk stations« wie die mit Psycho-Guru Dr. Laura zum Schlüssel zur amerikanischen Volksseele.

Derweil gleitet draußen rau und leer Nevada vorbei. Man sieht vom Wüstenwind angefressene Bergketten, die Hänge bedeckt vom Schutt aus Jahrmillionen. Kleckse von Kiefer- und Wacholderbaumwäldern in den oberen Lagen und sogar Schnee, aber sonst nur nackten Fels, zwischen rot und purpur in allen Farben changierend – eine kraftvolle, fast schon psychedelische Landschaft.

Über dieses »Pioneer Territory« genannte Land im Süden Nevadas ergossen sich Wellen von Goldsuchern und Prospektoren, zuerst vor 140, dann vor 100 Jahren. Seit den 1970er-Jahren durchsuchen große Mining Companies den Boden mit Hightech. Auf Dauer niedergelassen hat sich jedoch kaum jemand: Nur zwei Orte hier haben mehr als 1000 Einwohner.

Rachel: »Ufo-Capital of the World« am »Extraterrestical Highway«

Doch Nevadas große Leere ist zunehmend gefragt. Reisende suchen hier etwas, das ihnen Las Vegas nicht bietet. Manche finden es 90 Meilen nördlich von Vegas mitten in der Wüste, am Ende einer staubigen Piste. Dort steht im Kakteengestrüpp ein Schild mit der Aufschrift »Restricted Area. No Trespassing. Use of Deadly Force Authorized« – »Sperrgebiet. Zutritt verboten. Schusswaffengebrauch«. Ein weißer Geländewagen wacht von einem nahen Hügel aus darüber, dass man bleibt, wo man ist. Was da so angestrengt bewacht wird? Eine Giftmülldeponie der Regierung, sagen die einen. Die neuesten Flieger der Air Force, sagen die anderen. Und dann gibt es all jene, die die öfter über diesem Wüstenabschnitt hin und her flitzenden Lichter für Ufos halten, die irgendwann hier abstürzten, von der Air Force repariert und nun von ihr getestet werden. Mehr über diese Version hört man in Rachel. Rachel nennt sich »Ufo-Capital of the World« und ist die einzige Siedlung an der SR-375, ein »out of Rosenheim«-mäßiges Nest aus klapprigen Trailern und skelettierten Autowracks.

Nur zwei der Hütten sehen dauerhafter aus. Die eine ist die schummrige Bar »Little A 'le' Inn« (ein Wortspiel für »Little Alien Inn«). »Earthlings welcome« steht an der Außenwand, »Ufos and crews welcome« neben der Tür: ET's und Erdlinge willkommen. An der Holzbar nehmen alle Rassen der Galaxis Kontakt miteinander auf.

Macht Washington mit Außerirdischen gemeinsame Sache?

Kein Zweifel besteht hier über eines: Hinter den Tikaboo Mountains, auf dem Stützpunkt Groom Lake, der mit dem früheren Atomversuchsgelände Yukka Flats ein riesiges Sperrgebiet von der Größe Bayerns mit dem inoffiziellen Namen »Area 51« bildet, geht es nicht mit rechten Dingen zu. So heißt es – Amerika ist reich an kuriosen, aber durchaus

In Tonopah werden immer noch Gold und Silber gefördert, auch wenn einige Anlagen verwaist sind

Die Soldaten im Fort Churchill sollten die Bergarbeiter vor den Angriffen der Indianer schützen

Pioche: Streit um Hund endete tödlich

Ufos und Außerirdische willkommen: »Little A 'le' Inn« in Rachel

Geisterstadt Rhyolite: Eldorado für Hobby-Mineralogen

Vor 140 Jahren wurde es hektisch in der Wüste von Nevada: Zehntausende von Abenteurern wühlten in der steinigen Erde nach Edelmetall. Vor hundert Jahren wiederholte sich das Spiel. Von Flecken wie Goldfield und Tonopah schwärmten Glücksritter in die Berge aus, trieben tiefe Stollen in die verwitterten Hänge und machten ein Vermögen – wenn sie Glück hatten. Und überlebten. Heute suchen Bergbaukonsortien mit Hightech im Wüstensand nach dem, was die Digger einst übersahen.

ernst gemeinten Verschwörungstheorien – Washington mache mit bösen »Aliens« gemeinsame Sache, um den Amerikanern erst die Waffen und später alle anderen Bürgerrechte wegzunehmen.

Humbug, sagt man nebenan. Das in einem gelben Trailer untergebrachte Area 51 Research Center ist mit Satellitenfotos tapeziert und gibt den »Area 51 Viewer's Guide« heraus, einen maschinegetippten Führer über das Sperrgebiet, der alle bisherigen Erkenntnisse »streng wissenschaftlich« zusammenträgt. Danach deuten die riesigen Hangars von Groom Lake und die extrem lange Rollbahn tatsächlich auf ein Testgelände für neue Flugzeugtypen hin. Dennoch: Der Ufo-Tourismus blüht in Rachel. Der »Little A 'le' Inn« ist ein Biotop für Abgedrehte, das Schild in der Wüste ihr Nirwana. Ein einsamer Briefkasten an der SR-375 kurz vor Rachel markiert die Piste dorthin. Auch der Briefkasten hat eine Geschichte: Wer ein Ufo gesehen hat, schreibt dies auf einen Zettel und wirft ihn ein. Der weiße Kasten ist immer voll. Je einsamer Nevada wird, desto haarsträubender werden die Geschichten. Alamo an der US-93 wurde in den 1950er-Jahren von den Atombombentests 60 Meilen weiter westlich geschüttelt. Die Einwohner waren Versuchskaninchen und mussten ihre Verstrahlungswerte einmal wöchentlich an die Atomic Energy Commission schicken.

Nächster Stopp: Caliente – vier Saloons, eine Tanke. Umgeben von hohen Sandsteinwänden, drückt sich die 100 Jahre alte Eisenbahnertown in den Schatten alter Balsampappeln. Im »Intellectual Cowboy«, dem einzigen Buchladen out of Vegas, erzählen sie noch vom Eisenbahnerkrieg von 1900, der hier mit Schaufeln und Äxten ausgetragen wurde.

Und Pioche erst! Das heute noch wüst aussehende Kaff an den Hängen der Highland Range war Wildwest pur. Angeheuerte Killer bewachten damals die Claims, Resultat: 75 Männer verreckten an Schuss- und Messerwunden, bevor der erste Bürger eines natürlichen Todes sterben durfte. Pioche war ein rasantes Auf und Ab von Booms und Busts, was in den Bergen ringsum tiefe Narben hinterließ und windschiefe, altersschwache Fördertürme. Heute lebt man hier vom nahen Highway und vom Gartenbau aber unter der Stadt wühlen immer noch ein paar Unentwegte. Über der Erde blieb die Zeit stehen: Das Thompson Opera House mit seinem Originalgestühl, das Wells Fargo Building, das nostalgische Movie Theatre, alles Zeugen aus einer Zeit, in der sich Gary Cooper wohl gefühlt hätte.

Einsames Grab von Wilson Turner an der US-50

Einmalig in der Region ist der Sand Mountain

Ely: Hotel »Nevada« aus den 1920er-Jahren (unten)

Zwischen Reichtum und Ruin: Goldfield und Tonopah

Goldfield und Tonopah sahen den »One-Two-Boom« (Silber in Tonopah, Gold in Goldfield), der Nevada um 1900 aus 20-jährigem Koma riss. Das 1903 gegründete Goldfield – 1907 etwa 10000 Einwohner – erlebte so brutale Straßenkämpfe zwischen organisierten Bergleuten und Streikbrechern, dass die Nationalgarde anrückte. Im drei Jahre jüngeren Tonopah sorgte der aus Tombstone importierte Wyatt Earp für Law and Order. Während der Boom in Goldfield um

1910 schon wieder zu Ende war, erlebte Tonopah bis in die 1980er-Jahre eine atemlose Berg- und Talfahrt.
Heute backen beide Städte in der Hitze, abgemagert auf ein paar hundert Einwohner und voller pompöser Erinnerungen an bessere Zeiten. Das 1946 geschlossene »Goldfield Hotel« von 1908, das einst den einzigen elektrischen Fahrstuhl westlich des Mississippi betrieb, zeigt immer noch seinen riesigen Hotelsafe durch die Fenster an der Westseite. Und der alte »Santa Fé Saloon« würde mit seinen knarrenden Dielenbrettern und der massiven Holztheke jedem Western Ehre machen. Ein Hotel auch in Tonopah: Das 1908 eröffnete »Mizpah Hotel« wurde in den 1970er-Jahren so gut restauriert, dass selbst Wyatt Earp wieder dort einziehen würde. Das Central Nevada Museum erinnert daran, wie und womit der Luxus einst bezahlt wurde.

Straßen sind hier weit mehr als eine asphaltierte Verbindung zwischen A und B. Sie versprechen Gesellschaft, irgendwo hinter dem Horizont. Sie sind

Eureka: Ein Opernhaus erinnert an die Zeiten, als der Boden mit Silber gepflastert schien

An der US-50 steht der Shoetree

Quer durch Nevada: die US-50, »the loneliest road in America«

Schwindsüchtige Wüstennester, Geisterstädte, Revolvergeschichten und Gräber am Wegesrand: Nevadas Pionierzeit ist reich an Leidensgeschichten. Östlich von Fallon und unweit von Sand Mountain erinnert ein Grab an der US-50 an Jennie, Louise und Emma LeBeau und Wilson Turner. Die vier Kinder starben an dieser Stelle 1864 in einem Planwagen unterwegs nach Kalifornien. Todesursache: Diphterie.

Erinnerungen an alte Planwagenrouten, denen sie viele Meilen folgen. Wie die US-50 quer durch Zentral-Nevada, die dem legendären Pony Express Trail folgt. Seit die Einsamkeit auf der US-50 als Wert an sich entdeckt und man sie »The Loneliest Road in America« nennt, wird auch ihre Story wieder häufiger erzählt. Denn wo man heute unterwegs nach Reno Täler und Gebirgszüge in angenehm klimatisierten Limousinen durchquert, zog einst verwegenes Volk vorbei, die weißen Scouts der 1820er-Jahre etwa, Paiutes und Ute in Kriegsbemalung und halb verdurstete Siedler.

Pony Express: im Galopp 3100 Kilometer in 10 Tagen

Den besten Stoff für Legenden bietet der Pony Express. Von 1860 bis 1861, kurz bevor der Telegraf ihn obsolet machte, beförderten seine meist minderjährigen Reiter Eilbriefe von St. Joseph (Missouri) ins 3100 Kilometer entfernte Sacramento (Kalifornien). Nicht mehr als zehn Tage benötigte die Post, die durch Wüsten und feindliches Indianergebiet transportiert werden musste. So mancher wurde unterwegs aus dem Sattel geschossen, wie der 14-jährige Billy Tate, der ein halbes Dutzend Ute-Krieger mit ins Jenseits nahm.

Heute erinnern Schilder und ein paar verfallene Stationen an diese Jungen, vor allem zwischen Austin und Carson City. »Historic Marker« vermelden, wenn der Pony Express Trail die US-50 kreuzt. Dann sollte man aussteigen und genau hinschauen: Tatsächlich, da zieht er noch immer dem Horizont entgegen, überwachsen zwar, aber noch so gut zu erkennen, dass nicht viel Fantasie dazugehört, um sich einen in dichter Staubwolke herangaloppierenden Postreiter vorzustellen.

Damals zwang sie die Snake Range mit dem 3982 Meter hohen Wheeler Peak zu einer zeitraubenden Nordschleife. Heute ist der schönste Abschnitt der Range – zwischen 600 und 3300 Meter Höhe kann man alle Vegetationszonen des Great Basin auf der »Scenic Road« durchfahren – als Great Basin National Park geschützt. Per Auto nur vom 50-Seelen-Nest Baker aus erreichbar, bietet dieser Nationalpark ganz im Osten des Staates Ruhe und Natur pur.

Round-up in Wells: Auf der Cottonwood Ranch werden Pferde zusammengetrieben

Auf der Cottonwood Ranch bei Wells

Es gibt nur eine Hand voll Siedlungen an der US-50. Ely, hübsche Kleinstadt auf riesigen Kupfervorkommen, döst in der Mittagshitze. Das pompöse »Hotel Nevada« an der Ecke Aultman und 5th St. beherbergte früher die Kupfer-Barone. Gegenüber im »Jailhouse Casino« luncht man in ehemaligen Gefängniszellen. Der hundert Jahre alte »Nevada Northern« bringt, von einer Dampflok gezogen, Neugierige hinaus zu den Kupferminen um Ruth. Die Magma Copper Co. dreht hier seit 1991 das Land auf links, durchsiebt bis 2010 im Tagebau die Erde nach Kupfer – so entsteht eine Mondlandschaft mit gewaltigen Schuttbergen.

Copper Flat, Treasure Hill, Diamond Range: Immer wieder erinnern Ortsnamen, worum es ging und geht. Jenseits de 3000 Meter hohen Diamond Range wurde 1864 Silber gefunden. Eureka ent stand einen Lidschlag später, die Eisenbahn folgte. 15 Jahre später war de Boom zu Ende, aber Eureka überlebte al Bezirkshauptstadt und dank der US-50 Heute ist das Städtchen zwischen der Hügeln eine kleine Beauty mit adretter Häusern aus Ziegelstein, kleinen Galeri en und dem roten Eureka Opera House das nun als Mehrzweckhalle dient.

Elko: Sattelmacher bei der Arbeit (unten)

Ein paar Gebirgszüge später: Austin, mehr tot als lebendig. Die Lage mitten in Nevada und das Fehlen einer Fernsehserie wie »Bonanza«, die Virginia City weiter westlich berühmt machte, haben Austin die Tourismuskarriere vermasselt. Heute ist genau dies der Grund vorbeizuschauen: Wo in den 1870er-Jahren 10000 Menschen nach Silber wühlten, wohnen heute nur noch 300, Tendenz abnehmend. Austin, 2145 Meter hoch und in die Steilhänge der Toiyabe Range montiert, ist eine bröckelige Ansammlung windschiefer, meist leer stehender Holzhäuser. Nur hin und wieder signalisieren Gardinen und Blumentöpfe, dass es hier noch menschliches Leben gibt.

Austin will die neue Kapitale der Mountainbiker werden

Frischen Wind bringt seit ein paar Jahren der »T-Rix Mountain Bike Shop«. Denn Austin hat zumindest für Pedalentreter Potenzial: Die steilen Miner-Trails hinter der City Line haben das Zeug, Moab in Utah den Rang als Mountainbiker-Kapitale abzulaufen. Die Weichen dorthin sind mit dem »Annual Claim Jumpers Mountain Bike Festival« in der dritten Augustwoche bereits gestellt.

Noch eine Straße mit Vergangenheit: die Nevada im Norden durchquerende I-80. Vom Auto aus manchmal zu sehen: der träge fließende Humboldt River. 1828 von dem Kundschafter Peter Skene Ogden entdeckt, folgten zwischen 1848 und 1868 Zehntausende unterwegs

lko: das Glück auf Erden auf dem Rücken der Pferde, auch als Grafitto

nsame Ranch bei Lamoille am Fuße der verschneiten Ruby Mountains

Als »Cowboy Country« wird heute das Land beiderseits der I-80 zwischen Lovelock und Wendover bezeichnet. Das Vieh für die Cowboys kam nach dem Bürgerkrieg aus Texas und später aus Kalifornien. Bald wurden in Nevada dort, wo es ausreichend Wasser gab, Ranches gegründet. Die Städte entlang der dem Humboldt River folgenden I-80 sind »Cow Towns« geblieben und interessieren sich erst seit kurzem für Touristen.

Die Emerald Bay ist der schönste Ankerplatz am Lake Tahoe

Ausfahrten mit dem Schaufelraddampfer über den Lake Tahoe sind vor allem bei Familien beliebt

nach Kalifornien seinem Lauf. 1851 gründeten Mormonen die erste Siedlung am Humboldt Trail, Mormon Station, das heute Genoa heißt. Später trieben Rancher aus Oregon und Kalifornien ihr Vieh auf die Weidegründe im Ruby Valley, gefolgt von baskischen Hirten.

Dann wurden Schienen den Humboldt entlang gelegt, mit der Eisenbahn kamen die Siedlungen. Elko begann 1868 als Eisenbahndepot und erlebte den nevadaüblichen Boom-and-Bust-Zyklus. Die in Elko County grasenden Viehherden machten es zur »cowtown«. Die Cowboy-Kultur prägt di
Stadt bis heute: Das »Cowboy Poetr
Gathering« beschwört alljährlich im Janu
ar das ländliche Amerika, und vor Traditi
onshotels wie dem »Stockmen's« ban
den früher Cowboys ihre Gäule an. Jetz
ist die 40000-Einwohner-Stadt ein Mi
aus altem Westen und neuem Amerika
Der mit Hightech betriebene Goldabba
in der Umgebung hat gutes Geld ge
bracht. Mit 38000 Dollar Jahreseinkom
men zählen die hiesigen Haushalte z
den Spitzenverdienern in Amerika.

Natur zum Genießen: Ruby Mountains

Das erstklassige Northeastern Nevad
Museum an der Idaho Street hütet die be
wegte Vergangenheit. In natura begegne
man Ranchern und Cowboys vor allen
zu Füßen der bis Juni schneebedeckte
Ruby Mountains südlich von Elko. A
den sattgrünen Weiden der Foothills, de
»Alps of Nevada«, grasen braune Kühe
durch repräsentative Tore blickt man a
schmucke Ranchhäuser à la Ponderos
Mitten in diesem idyllischen Shangri-L

aus Landstraßen und Familienbetrieben liegt das fotogene Örtchen Lamoille. Es ist ein übersichtliches Refugium amerikanischer Stadtneurotiker, die sich in der alten, mit ausgestopften Tieren dekorierten »Pine Lodge« auf Trips in den spektakulären Lamoille Canyon vorbereiten.
Die sich entlang der 160 Kilometer langen Ruby Mountains abregnenden Wolken haben hier für eine vielfältige Vegetation gesorgt, darunter alpine Tundra jenseits der Baumgrenze, während Eis und Erosion tiefe, V-förmige Schluchten in den Fels gehobelt haben. Herrliche Wanderwege und Heli-Skiing im Winter machen die Rubies in Amerika zum Synonym für Sportspaß der Extraklasse. Die 18 Kilometer lange Lamoille Canyon Road dringt ins Herz der Rubies vor, wobei sie Felsendome, Wasserfälle und den Ruby Dome (3470 m) passiert und bei 2900 Meter in steile Wanderwege übergeht. Nicht selten steht man noch im Juli plötzlich im Schnee.

Filmset zur TV-Serie »Bonanza« in Incline Village

National Bowling Stadium mit 80 Bahnen (unten)

Bekannter als die Stadt selbst: Renos Wahlspruch

ake Tahoe wurde 844 von John C. remont entdeckt. ereits 20 Jahre später var der See ein eliebtes Urlaubsziel ler Digger und Ran- her. Eingebettet in die raftvolle, von nackten Granitkuppen bekrön- e Bergwelt der Sierra Nevada, zieht der Gebirgssee mit dem nbeschreiblich blau- n, klaren Wasser seit- lem Besucher an.

Berühmt für seine Niedrigsteinsätze: nostalgisches »Cal-Neva-Casino«, Reno

Nevadas Städte: Manche schafften es, andere nicht. Den einen begegnet man unterwegs nach Westen beiderseits der I-80 und I-50. Einige sind verfallene Ghost Towns, andere delirieren im letzten Stadium der Schwindsucht. Winnemucca an der I-80, weitläufig, grün und freundlich, hat überlebt, ebenso Fallon an der I-50, künstlich bewässert am Rand der einst berüchtigten 40-Mile-Desert und heute Heimat der »Top Guns« der Navy Fighter Weapons School, die hier ihre Flugübungen abhalten.

Dann kommt das gute alte Reno. Die selbst ernannte »biggest little city in the world« zu Füßen der Sierra Nevada war Las Vegas, lange bevor die »sin city« aus den Startlöchern kam: Scheidungsparadies für Filmstars, Prominente und später auch für Normalverbraucher, Spielerparadies bis in die 1950er-Jahre, dann jedoch Kasino-Baustopp bis in die 1970er-

Alle an Bord? Gleich dampft der Oldtimer-Zug los

Jahre und Suche nach einer Identität als »richtige« Stadt. Neue Kasinos und Hotels haben dieses Vorhaben jedoch unterlaufen, und so bleibt Reno seinem alten Motto bis auf weiteres treu.

National Automobile Museum: Renos Top-Attraktion für Autonarren

Tatsächlich hat die große kleine Stadt eine Weltklasse-Attraktion zu bieten: das National Automobile Museum mit seinen etwa 200, auf Hochglanz polierten Automobilen, darunter absoluten Raritäten wie den 1938er-Phantom Corsair, den 1936er-Mercedes und den 1962er-Maserati, dokumentiert Amerikas »love affair« mit dem fahrbaren Untersatz.

Zwei Seen, die gegensätzlicher nicht sein könnten, und eine weltberühmte, literarisch und cinematisch verewigte Boom Town treiben den Nevada-Reisenden weiter. 53 Kilometer nördlich von Reno liegt der Pyramid Lake, vorgeblich Amerikas schönster Wüstensee und nach der halbstündigen Fahrt durch grau und rosa Schutt- und Geröllandschaft tatsächlich ein Augenschmaus.

Noch eine halbe Autostunde weiter nördlich kann, wer dann immer noch nicht genug hat von der Wüste, die Tachonadel des Mietwagens auf dem »playa«

Virginia & Truckee Railroad bei Virginia City

Stilecht: Saloon-Schönheit in Virginia City

genannten Salzsee der trostlosen Black Rock Desert bis zum Anschlag treiben und danach in »Bruno's Country Club« in dem Nest Gerlach bei Pommes oder Pizza die Poster an den Wänden bestaunen: Seit 1983 jagen hier speedbesessene Tüftler in Raketen auf Rädern den Geschwindigkeitsrekord zu Lande. Letzter Stand: 1222,4 km/h!

Der andere See wird – immer noch – als Krone Nevadas gefeiert: Lake Tahoe hoch oben in der Sierra Nevada, mit 115 Kilometern Uferlänge Amerikas größter alpiner See und mit bis zu 488 Metern Tiefe einer der tiefsten Binnenseen der Welt. Einst erholte sich hier der später berühmte Schriftsteller Mark Twain in lichten Kiefernwäldern vom Silberschürfen. Doch über 100 Jahre Holzschlag und Tourismus haben den Lake Tahoe zu einem der bestentwickelten, von Hotels geradezu umzingelten US-Ferienareal gemacht, das man zu jeder Jahreszeit nur Stoßstange an Stoßstange umrundet – ein Schock nach der herrlichen Einsamkeit auf Nevadas Wüsten-Highways!

Virginia City ist so, wie Amerika den Wilden Westen gern gehabt hätte

Auch Virginia City, die Mutter aller Boom Towns, an den steilen, von Diggern a aller Welt zwischen 1860 und 1873 zerlöcherten Ostausläufern der Sierra klebend, wird von Touristen überrannt, seit »Bonanza's« Ben Cartwright seine Söhne zum Einkaufen dorthin schickte. Der Abstecher von Reno aus ist das Wildweststädtchen, in dem 1873 rund 23 000 Menschen vom großen Los träumten und heute nur noch ein paar Hundert von den Fremden leben, dennoch wert. Die liebevoll geflickte C-Street mit ihren Dutzenden einst üblicher falscher Fassaden, den überdachten Boardwalks und etlichen Saloons, Wildwest-Restaurants, Kasinos und schummrigen Shops entführt weniger zurück in die gute alte Zeit als in das amerikanische Kollektivbewusstsein. Und da schließt man selbst nach Tausenden einsamer Wüstenkilometer gern mal einen Kompromiss.

Elko

Karte: Seite 112/113, Planquadrat B 4.

Unterkunft: Hotels und Motels am Ortseingang. Schlafen in historischen Viehtreiber-Herbergen kann man u. a. im »Red Lion & Casino« (2065 Idaho St., Tel. 775/738-2111; www.redlioncasino.com).

Sehenswürdigkeiten: Das Northeastern Nevada Museum (1515 Idaho St., Tel. 775/738-3418, Mo–Sa 9–17, So 13 bis 17 Uhr) gilt als bestes zur stürmischen Geschichte Nevadas. Die Barrick Goldstrike Mine Tour (790 Commercial St., Tel. 775/778-8121, Mitte Mai–Aug.) ist eine interessante Tour durch eine moderne Goldmine. Das Western Folklife Center (501 Railroad St., Tel. 775/738-7508, www.westfolk.org, tgl. 10–17.30 Uhr) verkauft Volkskunst und Cowboy-Bekleidung und organisiert das jährlich im Januar stattfindende Cowboy Poetry Gathering.

Information: Elko Convention & Visitors Authority, Tel. 775/738-4091.

Ely

Karte: Seite 112/113, Planquadrat C 4.

Unterkunft: Am Ortseingang gibt es einige Inns und Motels. In Ely ist das historische »Hotel Nevada« (501 Aultman St., Tel. 775/289-6665; www.hotelnevada.com) die erste Adresse.

Sehenswürdigkeiten: Das Nevada Northern Railway Museum (1100 Ave. A, Tel. 775/289-2085, Mai–Sept. Di–So 9–17 Uhr) umfasst den Bahnhof und Dampflokomotiven. An Wochenenden bringt der »Ghost Train« seine Passagiere zur Geisterstadt Lane City und den Silberminen.

Ausflug: Weiter östlich befindet sich der Great Basin National Park (Tel. 775/234-7331, www.nps.gov/grba; im Park drei Campingplätze; siehe Karte Seite 52). Dort steigt der Wheeler Peak Scenic Drive bis auf 3300 m an. Danach führen verschiedene Trails auf den Gipfel. 8 km westlich von Baker können die Lehman Caves besucht werden (Tel. 775/234-7331).

Information: Ely Chamber of Commerce, Tel. 775/289-8877.

Eureka

Karte: Seite 112/113, Planquadrat C 3.

Unterkunft: »Jackson House« (11 S. Main St., Tel. 775/237-5577) bietet nostalgisches Wildwest-Ambiente.

Sehenswürdigkeiten: An der Main Street liegen Galerien und Antiquitätenläden. Das fotogene Eureka Opera House ist der soziale Mittelpunkt des Städtchens. Das Eureka Sentinel Museum (Tel. 774/237-5010, tgl. 10–17 Uhr), einst Redaktion der hiesigen Tageszeitung, zeigt den Arbeitsplatz der Zeitungsleute damals.

Ausflüge: Austin bietet Geisterstadtatmosphäre (s. Seite 47). Ein Erlebnis sind die liebenswert chaotischen Antiquitäten- und Mineralienläden. Stokes' Castle über der Stadt, vor hundert Jahren gebaut und heute leer stehend, ist der beste Ort für ein Picknick.
Seit fünf Jahren haucht Tyrannosaurus Rix Mountain Bike and Specialities (Tel. 775/964-1212, www.t-rix.com) am östlichen Ortsausgang Austin neues Leben ein. Der Ausrüster verleiht Mountainbikes und weist den Weg zu einem Dutzend hervorragender Trails.

Information: Chamber of Commerce, Sentinel Building, Tel. 775/237-5484.

Lake Tahoe

Karte: Seite 112/113, Planquadrat C 1.

Unterkunft: Inns, Hotels und Motels auf kalifornischer als auch auf Nevada-Seite. Bei der »North Lake Tahoe Resort Association« (Tel. 800/824-6348) kann man Zimmer buchen.

Sehenswürdigkeiten: Die SR-28 rund um den 518 qkm großen See führt zu vielen, meist auf kalifornischer Seite liegenden Aussichtspunkten. Die State Parks Emerald Bay, D. L. Bliss und Sugar Pine Point schützen besonders idyllische Uferabschnitte und bieten kurze Wanderwege. Am Nordufer liegt in Incline Village die Ponderosa-Ranch (969 Tahoe Blvd., Tel. 775/831-0691, tgl. 9.30–17 Uhr), einst die Kulisse der Fernsehserie »Bonanza«, heute ein beliebter Western-Vergnügungspark.

Aktivitäten: Wanderer und Mountainbiker finden in der Sierra Nevada Herausforderungen genug. Wanderer können sich z. B. am 20 km langen Loch Leven Trail (I-80, Abfahrt Big Bend) versuchen, Mountainbiker den 20 km langen Mt. Lola Trail (SR-89, nördlich Truckee) in Angriff nehmen.

Information: Lake Tahoe Hotline; Tel. 530/542-4636 für Süd-Ufer, Tel. 530/546-5253 für Nord-Ufer.

Lamoille

Karte: S. 112/113, Planquadrat B 4.

Unterkunft: Die drei edlen Zimmer im »Pine Lodge Dinner House & Hotel« (Tel. 775/753-6363, Fax 775/753-6542; E-Mail nvhighcntry@cyberhighway.net) bilden die einzige Unterkunft im Ort.

Aktivitäten: Auf der 18 km langen Lamoille Canyon Road passiert man einige Parkplätze, von denen aus schöne Tageswanderungen in die Bergwelt der »Alpen Nevadas« führen.

Information: Ruby Mountains Recreation Area, Tel. 775/752-3357, Fax 752-3562.

Pioche

Karte: S. 112/113, Planquadrat D 4.

Unterkunft: Moderne Motels an der US-93, daneben einige historische Hotels, z. B. das »Overland Hotel Saloon & Restaurant« (85 Main St., Tel. 775/962-5895).

Sehenswürdigkeiten: Vom Lincoln County Museum (Tel. 702/962-5207, tgl. 9–16 Uhr) führt die Tour auf der Main Street zum

historischen Gem Movie Theatre (Vorführungen Do–Sa ab 20 Uhr) und zum Thompson Opera House. Fotogene Motive sind auch das Wells Fargo Building und der Friedhof Boothill mit seiner berühmten »Bootrow«, deren Grabsteine auf die damals üblichen Todesursachen hinweisen.
Das »Million Dollar Courthouse« (So–Do 10–17, Fr–Sa 9–17 Uhr) konserviert mit vergilbten Fotos, dem Sheriff's Office und dem Gefängnis Wildwest-Geschichte.

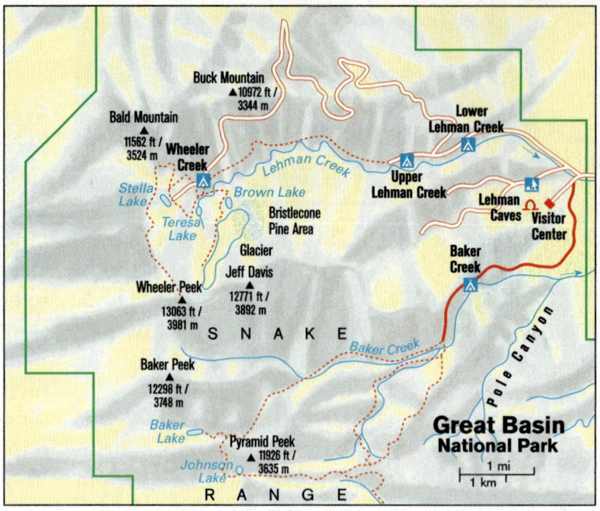

Der Great Basin National Park liegt nahe der Grenze zu Utah

Sehenswürdigkeiten: Das Central Nevada Museum in Tonopah (Tel. 775/482-9676, April–Sept. tgl. 9–17, sonst 11–17 Uhr) widmet sich dem Bergbau. Samstags kann man im Tonopah Historic Mining Park stillgelegte Minen besichtigen. In Goldfield erinnern an die Blütezeit vor 100 Jahren das wegen Renovierung geschlossene »Goldfield Hotel« und das seit 1907 in Betrieb befindliche Courthouse mit seinem Originalmobiliar.

Aktivitäten: Im 16 km südlich von Pioche liegenden Cathedral Gorge State Park sind fantastische erodierte Felsen zu sehen. Trails führen zu Höhlen und Aussichtspunkten (zugänglich nur zwischen April und Oktober, Tel. 775/728-4467).

Information: Pioche Chamber of Commerce, Tel. 775/962-5544 (www.piochenevada.com).

Rachel

Karte: Seite 112/113, Planquadrat E 3.

Unterkunft: Einzige Unterkunft bieten die zehn einfachen Motel-Units des »Little A 'le' Inn« (Tel. 775/729-2515, Fax 775/729-2551; www.dreamlandresort.com).

Sehenswürdigkeit: Das bizarre Area 51 Research Center (Tel./Fax 775/729-2542) informiert über den neuesten Erkenntnisstand in Sachen Ufos.

Reno

Karte: Seite 112/113, Planquadrat C 1.

Unterkunft: Anders als in Las Vegas gibt es eine Hauptsaison (Juni–Okt.), wo langfristiges Vorbuchen ratsam ist, und eine langsamere Nebensaison.
Empfehlenswert: im Nachbarort Sparks das »John Ascuaga's Nugget« (1100 Nugget Ave., Tel. 775/356-3300, Fax 356-3434; www.janugget.com) mit 2000 Zimmern, das »Flamingo Hilton« (255 N. Sierra St., Tel. 775/785-7000, Fax 785-7086; www.flamingoreno.net) mit seiner millionenteuren Neonreklame und das jüngst für 60 Millionen Dollar ausgebaute »Atlantis Casino Resort« (3800 S. Virginia St., Tel. 775/825-4700, Fax 825-1170; www.atlantiscasino.com).

Attraktionen: An der Virginia Street, der Hauptverkehrsachse Renos, liegen etliche Kasinos aus den 1930er- und 1940er-Jahren. Von der charmant verlebten Spielhölle »Club Cal-Neva« (38 E. 2nd St., Tel. 775/323-1046) bis zum eleganten »Eldorado« (345 N. Virginia St., Tel. 775/786-5700), vom 1937 eröffneten »Harrahs« (219 N. Center St., Tel. 775/786-3232) bis zum »Circus Circus« (500 N. Sierra St., Tel. 775/329-0711): Downtown Reno ist ein schachbrettartig angelegtes Las Vegas. Nichts mit Glücksspiel zu tun haben das erstklassige National Automobile Museum (10 Lake St., Tel. 775/333-9300, Mo bis Sa 9.30–17.30, So 10–16 Uhr) und das National Bowling Stadium (300 N. Center St., Tel. 775/334-2695).

Information: Reno-Sparks Convention and Visitors Authority, 4590 S. Virginia St., Reno 89502, Tel. 775/827-7600 (www.tahoenevada.com).

Tonopah/Goldfield

Karte: Seite 112/113, Planquadrat D 3.

Unterkunft: Das historische »Mizpah Hotel« (Tel. 775/482-6200) in Tonopah, in Goldfield das »Santa Fé Saloon & Motel« (Tel. 702/485-3431).

Oldtimer im National Automobile Museum in Reno

Information: Tonopah Chamber of Commerce, Tel. 775/482-3859. Goldfield Chamber of Commerce, Tel. 775/485-6365.

Virginia City

Karte: Seite 112/113, Planquadrat C 1.

Unterkunft: Moderne Motels am Ortseingang. Beste Adresse ist das »Gold Hill Hotel« (1540 Main St., Tel. 775/847-0111, Fax 847-0604; www.goldhillhotel.net) mit gemütlichen Zimmern im viktorianischen Stil.

Sehenswürdigkeiten: Das Gros der Sehenswürdigkeiten liegt an der C Street. Im »Bucket of Blood Saloon«, einem von hundert, die es in den Glanzzeiten der Stadt gab, steht noch die alte Holztheke von 1876. Im »Delta Saloon« ist der »suicide table« zu bewundern, ein alter Spieltisch mit blutiger Vergangenheit. Das schummrige Mark Twain Museum (Tel. 775/847-0525, tgl. 10–17 Uhr) bewahrt Schreibtisch und Druckerpresse des Schriftstellers auf, der 1864–66 hier als Reporter begann. Im Ponderosa Saloon führt ein Tunnel 100 m tief in die Best and Belcher Mine. Die historische Virginia and Truckee Railroad (Tel. 775/847-0380) transportiert acht Mal täglich Touristen in offenen Waggons hinab nach Gold Hill. Das Pipers Opera House (B und Union Sts., tgl. 11–16.30 Uhr) war einst das kulturelle Zentrum der Stadt. Ein Schmuckstück ist »Castle«, eine 1868 vom Direktor der Empire Mine errichtete Villa (70 South B St., tgl. 10 bis 17 Uhr).

Information: Virginia City Chamber of Com., Tel. 775/847-0311 (www.virginiacitychamber.com).

ake Tahoe: Motorschlitten-Exkursionen sind nur eine von vielen Wintersportmöglichkeiten in der nahen Mt. Rose Ski Area

m Lake Tahoe sind es meist nur wenige Meter vom Boot zum Cottage

Pyramid Lake: zum Angeln in die Wüste

fologen-Hauptquartier: »Little A 'le' Inn« in Rachel nahe der »Area 51«

312 Quadratkilometer groß ist der Great Basin National Park, eine eiszeitlich geprägte Landschaft voller gletscherzernagter Gipfel. Insgesamt umfasst das Naturschutzgebiet 90 Becken oder Täler. Höhepunkt ist der Wheeler Peak (3981 m), auf den einige Wanderwege führen. Ebenfalls zum Park gehören die 1885 entdeckten Lehman Caves mit einem mehr als zwei Kilometer langen Netz unterirdischer Höhlen, in denen außerordentlich vielgestaltige Tropfsteinbildungen zu sehen sind.

Urwüchsige Natur im Great Basin National Park

Die grandiose Schlucht der Schluchten

Gr. Foto: Sonnenaufgang am Yaki Point. Kl. Foto: Feuchtfröhlicher Spaß – Rafting auf dem Colorado River.

Atemberaubend, ehrfurchtgebietend, überwältigend: Kein Adjektiv scheint dem Grand Canyon angemessen. Der Besucher aus Europa staunt – und schweigt. Und pflichtet am Ende ausnahmsweise einmal den in Superlative verliebten Amerikanern bei. Die bezeichnen den Grand Canyon als »the greatest show on earth«. Wo Worte fehlen, gelingt es auch den besten Fotografen nicht, diese grandiose Narbe in der Erdoberfläche in ihrer ganzen Schönheit zu erfassen.

Der Ranger im Visitor Center ist skeptisch. Elf Uhr sei schon ein wenig spät, da müsse sich sputen, wer vor Einbruch der Dunkelheit um sieben Uhr wieder oben sein wolle. Doch die beiden Neuankömmlinge aus Deutschland, die ein paar Tage Las Vegas hinter sich haben und nun den Grand Canyon sehen wollen, beeindruckt das nicht. Sie wollen nicht vergebens hierher gekommen sein. Er mustert die beiden Besucher von oben bis unten. Zehn Dollar für seine Gedanken: Wieder zwei doofe Touris, die am Ende des Tages völlig erledigt für 2000 Dollar pro Nase ausgeflogen werden müssen?

Und prompt: Eine Stunde später und 800 Meter tiefer zeigen sich erste Erschöpfungsanzeichen. Der Plateau Point scheint keinen Zentimeter näher zu rücken. Vielleicht hat der Ranger Recht gehabt. Vielleicht muss man für diese Tour in den Abgrund wirklich fit und ausgeruht sein. Vielleicht muss man den Marsch wirklich in den frühen Morgenstunden beginnen, um der schlimmsten Hitze zu entgehen.

Per Helikopter zum Picknick in den Canyon

Wanderer auf dem Weg nach oben

Tief unten fließt der Colorado River

Höllentour auf dem Bright Angel Trail zum Grund des Grand Canyon

Die beiden Wanderer sind auf dem 20 Kilometer langen Bright Angel Trail unterwegs in der größten Schlucht der Welt. Oben, am »South Rim« genannten Rand, hatte alles noch so einfach ausgesehen. Die Serpentinen hinab auf das Plateau, der schnurgerade Trail bis zum

Bei Temperaturen um 44 Grad kann man nie genug Wasser dabeihaben

Weniger anstrengend ist eine Tour mit Maultieren in den Canyon

Wer sich zu Fuß dem Abstieg in den Grand Canyon nicht gewachsen fühlt, kann ihn auf dem Rücken eines Maultiers versuchen. Die Tiere sind zuverlässig und trittsicher. Nur vor der Sonne sollte man sich in Acht nehmen.

Vom Maultier lässt sich die grandiose Kulisse genießen

Ende, alles völlig easy. Im Laufschritt stürmten sie dann hinunter, im Pulk mit anderen, nicht minder euphorischen Wanderern aus aller Welt. Was für ein Panorama! Sie fühlten sich als Weltenstürmer, betäubt von der grandiosen Kulisse. Sie wussten nicht, was es bedeutet, wenn die Mittagstemperatur bis auf 48 Grad steigt, der Durst kaum zu löschen ist. Schon am Three-Mile-Resthouse hatten die beiden andere Hiker laut übers Umkehren nachdenken gehört. Doch das war für sie ausgeschlossen, dazu war die Anreise zu lang gewesen. Und zu teuer, natürlich.

Jetzt, kurz nach 13 Uhr: Indian Gardens, ein grüner Flecken mit einer Toilette und ein paar Palmen. Hier gibt es Wasser, 933 Meter unterhalb der Kante. Die Aussicht ist grandios, die Hitze auch. Das Mini-Seilschaft läuft der Zeit hinterher. Noch 2,5 Kilometer bis zum Plateau Point. Dort bietet sich schließlich ein spektakulärer Blick, doch das Panorama auf den weiter unten in der »Inner Gorge«

tosenden Colorado River und das Felsentheater des Grand Canyon rundherum ist fast schon Nebensache, denn für den Rückweg wird die Zeit bedenklich knapp: Ein Drittel für den Hinweg, zwei Drittel für den Rückweg, sagte der Ranger. Bis hierher haben sie drei Stunden gebraucht. Es ist kurz vor zwei. Also noch ... sechs Stunden?! Sie traben los, wortkarg, grimmig entschlossen. Wieder will das Ziel nicht näher kommen. Immer noch begegnen ihnen Wanderer – was irgendwie beruhigt: Es gibt also noch größere Dummköpfe.

Als sie wieder Menschen auf der Felsenkante erkennen, befindet sich die Sonne schon im Sinkflug. Der Aufstieg wird zur Tortur. In der Mitte schrumpfen Kraft und Wille auf die Länge einer Serpentine. Erst als sie oben Gesichter erkennen, schöpfen sie neuen Mut. Dann wird es dunkel. Die letzten Meter sind nur mit Taschenlampe möglich. Um 19.30 Uhr hat sie der Massentourismus wieder: Der Rim Trail ist zwar wie leergefegt, aber die Restaurants sind bis auf den letzten Platz belegt. Gut, dass sie keiner sieht, denn sie sehen erbarmungswürdig aus. Der Grand Canyon hat sich Respekt verschafft. Erst als der Schmerz nachlässt, kommt der Stolz, es geschafft zu haben.

Der Desert View Watchtower wurde 1932 am höchsten Punkt der Südkante errichtet

Lightshow: Die Farben des Grand Canyon ändern sich stündlich

Auf den ersten Blick ähnelt der 20 Meter hohe, am Abgrund balancierende Desert View Watchtower den Festungstürmen der prähistorischen Anasazi-Indianer. Das ist kein Zufall: Die Architektin Mary Colter (1869–1958), die viele der Gebäude entlang der Südkante entworfen hat, suchte stets indianische und moderne Elemente zu verbinden. Den 1932 errichteten Turm unweit von Lipan Point nannte sie ihr Meisterwerk. Im Inneren ist Kunsthandwerk der Hopi und Navajo ausgestellt.

Yavapai Point: grandioser Blick zur gegenüberliegenden Nordkante

Grand Canyon, die »greatest show on earth«: Der Superlativ trifft den Nagel auf den Kopf. Die Schlucht ist 440 Kilometer lang, bis zu 1600 Meter tief und maximal 30 Kilometer breit: absolutes Gardemaß! Eine Riesenüberraschung ist bereits die Anreise. Einen Berg sieht man schon von weitem. Wer jedoch auf der SR-64 kommt, für den fehlt vom Grand Canyon vorerst jede Spur. Die Straße durchquert die Weiden des Coconino Plateau und die Nadelwälder des Kaibab National Forest, führt am Tickethäuschen des Nationalparks vorbei und mündet in einen großen Parkplatz. Aber selbst dort ist vom Canyon nichts zu bemerken. Man sieht ihn erst, wenn man unmittelbar davor steht. Dafür ist der erste Eindruck überwältigend, ein Wunder der Natur, das sich mit Worten kaum beschreiben lässt.

In Jahrmillionen hat sich der Colorado durch den Fels gefressen

Die Geologen erklären das Spektakel so: Es geschah vor fünf bis 20 Millionen Jahren. Der gleiche Prozess, der das Colorado Plateau und die Rocky Mountains anhob, hievte auch das Gebiet des Canyons empor. Dies geschah jedoch so langsam, dass der Colorado River sich, anstatt ein neues Bett zu suchen, immer tiefer in den weichen Fels fressen konnte. Erosion verbreiterte ihn und schuf Hunderte nicht minder spektakulärer Neben-Canyons.
Unterstützt wurde dieser Modellierprozess von den über 20, zwischen 250 Millionen und 1,8 Milliarden Jahre alten Gesteinsschichten, die, unterschiedlich hart, mit immer neuen Formen auf die Erosion reagierten.

Prähistorische Indianer kannten den Grand Canyon lange vor den Weißen. Ihre ältesten Hinterlassenschaften – steinerne Speerspitzen und Figürchen, in den Höhlen des Canyons gefunden – datieren um 2000 v. Chr. Die hoch entwickelten Anasazi, die ihre kulturelle Blütezeit zwischen 1050 und 1300 n. Chr. erlebten (siehe auch Seite 91f), hinterließen über 2000 Siedlungen im Canyon-Bereich, darunter die Tusayan Ruins am Desert View Drive 30 Kilometer westlich vom South Rim Visitor Center.
Die ersten Bleichgesichter vor Ort waren spanische Kundschafter. Sie gehörten zur Expedition Francisco Vasquez de Coronados, der 1540 im Südwesten nach den sagenhaften sieben Städten von Cibola suchte. Nach sporadischen Vorstößen spanischer Missionare im 18. Jahrhundert kamen im 19. Jahrhundert amerikanische Trapper und Landvermesser.
1869 und 1871/72 führte der einarmige Bürgerkriegsveteran John Wesley Powell die ersten Flussexpeditionen durch den Canyon und beschrieb Fauna, Flora und Geologie. Um 1880 erschienen die ersten Prospektoren auf der Bildfläche, auf der Suche nach Kupfer und Silber. Die bis heute ergiebigste Goldader wurde etwas später angezapft: 1883 karrten Postkutschen die ersten Touristen an, 1901 erreichte die Eisenbahn die South Rim. Die touristische Infrastruktur – Grand Canyon Village mitsamt Hotels, Restaurants, Souvenirgeschäften, Postamt und Flugfeld – entstand wenig später. 1919 wurde der Grand Canyon zum Nationalpark erklärt.

Hopi Point: Von hier aus kann man den Colorado River tief unten sehen

Der Nationalpark ist überlaufen, für private Autos ist kein Platz

Heute ist er mit über fünf Millionen Besuchern jährlich einer der meistbesuchten Parks der USA – Staus, Lärmbelästigung und Luftverschmutzung inklusive. Der National Park Service, Dachorganisation aller Nationalparks, ist an dieser Situation nicht ganz unschuldig. Zu lange hat er die Erschließung der Parks auch für motorisierte Naturfreunde propagiert. Am Beginn des dritten Jahrtausends ist er jedoch angesichts der mancherorts katastrophalen Lage – Parks wie Yosemite,

Fast 30 Kilometer breit ist die Schlucht des Grand Canyon

Lee's Ferry: Aufbruch zu einer mehrtägigen Rafting-Expedition auf dem Colorado River

Vor dem Start gibt es wichtige Hinweise

Zion und Bryce sind überlaufen, mit allen aus den Städten bekannten Umweltproblemen – umgeschwenkt und strebt nun die schrittweise Verbannung aller privaten Verkehrsmittel aus den Parks an.

Im Grand Canyon National Park heißt das vor allem: weg mit den Autos und Hubschraubern. Natürlich eckt der Park Service damit an. So verteidigen die Betreiber der »Scenic Flights« ihr Business mit dem Argument, die neue Verkehrspolitik im Park bevorzuge junge Besucher gegenüber älteren und körperbehinderten Bürgern und untergrabe damit das Recht aller Amerikaner auf Naturgenuss.

Ähnlich argumentieren viele Autofahrer. Dessen ungeachtet arbeitet die Parkverwaltung weiter an der Beseitigung des Verkehrsproblems. Die gasbetriebenen Shuttle-Busse, die Besucher von den Parkplätzen im 30-Minuten-Takt zu den Beobachtungspunkten entlang der South Rim transportieren, erhalten bald umweltschonende Zubringer. Besucher können dann bereits im Örtchen Tusayan weit vor der Parkgrenze die Autos stehen lassen und in elektrisch betriebene Schienenbusse Richtung Grand Canyon Village umsteigen.

Die Boote nehmen Kurs auf die Stromschnellen

Der Colorado River ist nicht mehr rot

Ein anderes Drama findet derweil tief unten im Canyon statt. Die fünf Prozent aller Besucher, die alljährlich auf Pfaden wie dem Bright Angel Trail hinabsteigen, sehen es mit eigenen Augen: Der Colorado River, der von spanischen Missionaren so getaufte »rote« Fluss, ist nicht länger rotbraun, sondern klar. Denn seit der Einweihung des Glen Canyon Dam 1963 lagert der Fluss seine Sedimente im aufgestauten Lake Powell ab.

Dieser Eingriff in jahrmillionenalte Abläufe hatte dramatische ökologische Folgen, von denen viele noch immer nicht in ihrer ganzen Tragweite erfasst sind. Beispielsweise hat die drastisch reduzierte Wassermenge zu erhöhtem Pflanzenwuchs an den Ufern geführt, wobei ortsfremde Tamarisken einheimische Arten verdrängten. Das ganze Jahr hindurch beständige Wassertemperaturen um acht Grad – vormals schwankten die Temperaturen jahreszeitlich bedingt zwischen zwei und 27 Grad – haben sich überdies negativ auf die einheimischen Fischarten ausgewirkt und ortsfremde Arten angelockt, die ihnen so heftig zusetzten, dass inzwischen vier der ursprünglich acht im Grand Canyon vorkommenden Fischarten ausgelöscht sind.

Die Natur der Region soll in Zukunft besser geschützt werden

Wissenschaftler, Naturschützer und staatliche Stellen überwachen und dokumentieren zwar die Entwicklung, doch von einem erfolgreichen, allen Bedürfnissen gerechten Management des Grand Canyon ist man noch weit entfernt. Mit den Shuttle-Bussen und ökologischen Arbeitsgruppen wie der »Glen Canyon Dam Adaptive Management Work Group« sind die Anfänge jedoch gemacht.

REISE-INFO
GRAND CANYON N.P.

Karte: Seite 112/113, Planquadrat F 5.

Anreise: Der Park ist zwischen Ende Mai und Anfang Okt. geöffnet. Er besteht aus der viel besuchten Südkante (»south rim«) sowie der entlegenen, ruhigeren Nordkante (»north rim«). Fahrtdauer ab Las Vegas zur Südkante (470 km): 7–8 Std. Von der Süd- zur Nordkante sind es 340 km bzw. eine halbe Tagesreise. Von Las Vegas zur Nordkante sind es 440 km.
Flightseeing: In Las Vegas werden Flightseeing-Flüge zum Park angeboten. Die vier- bis achtstündigen Trips beinhalten Rundflüge über den Canyon und Boden-Exkursionen. Profilierte Anbieter u. a.: Eagle Canyon Airlines (Tel. 702/740-8300) oder Scenic Airlines (Tel. 702/638-3300).

Shuttle-Busse: An der Südkante verkehren zwischen Sonnenauf- bis Sonnenuntergang Gratis-Shuttle-Busse auf drei Routen: Grand Canyon Village, Hermit Road und Desert View Drive.

Unterkunft: Große Auswahl an der Süd-, begrenztes Angebot an der Nordkante. An der Südkante bieten Grand Canyon Village und Tusayan an der Parkgrenze Hotels aller Preiskategorien. Reservierungen für alle Unterkünfte im Park erledigt Grand Canyon National Park Lodges (Aurora, Colorado, Tel. 303/297-2757, Fax 297-3175; www.grancanyonlodges.com). Gute Unterkünfte in Grand Canyon Village: die »Bright Angel Lodge«, die einfache »Maswik Lodge« und das »El Tovar Hotel«. In Tusayan gibt es viele Motels, z. B. »Holiday Inn Express« (Tel. 520/638-3000, Fax 638-0123; www.gcanyon.com/holiday.htm). An der Nordkante bietet die historische »Grand Canyon Lodge« (Tel. 303/297-2757, Fax 297-3175, www.grandcanyonnorthrim.com) Komfort mit Blockhüttenatmosphäre.

Restaurants: Grand Canyon Village: Solide amerikanische Küche im »Bright Angel Restaurant« (Tel. 520/638-2631) in der »Bright Angel Lodge«. In Tusayan ragt das »Coronado« (»Grand Canyon Squire Inn«, Tel. 520/638-2681) mit Steaks, Ribs und mexikanischen Spezialitäten heraus. An der Nordkante: Im Speisesaal der »Grand Canyon Lodge« bietet sich ein fantastischer Blick in den Canyon.

Sehenswürdigkeiten: South Rim: Auf der knapp 60 km langen Straße entlang der Südkante gelangt man zu allen Aussichtspunkten. Mather Point (2349 m) bietet Blicke auf Pipe Creek Canyon und zahllose Buttes, Säulen und Vorgebirge. Am Yavapai Point beginnt der 14 km lange Rim Trail, ein Wanderweg entlang der Südkante. Ein Highlight ist der Blick vom Trailview auf die Serpentinen des Bright Angel Trail. Den umfassendsten Blick auf den Grand Canyon hat man vom Powell Memorial und vom Hopi Point.
Von Grand Canyon Village bis zum östlichsten Aussichtspunkt Desert View sind es 40 km. Für viele der schönste Aussichtspunkt ist Grandview Point. Tusayan Ruin liegt 5 km westlich vor dem Desert View Outlook. Ein kleines Museum (Tel. 520/638-2305) und auf 1185 n. Chr. datierte indianische Ruinen erwarten dort die Besucher. Desert View (2267 m) ist der höchste Punkt an der Südkante.
North Rim: Die Highlights sind zu Fuß von der »Grand Canyon Lodge« aus zu erreichen. Der Bright Angel Point ist ein Schwindel erregender Felsvorsprung mit Blick auf Springs Canyon und Transept Canyon. Unvergessliche Eindrücke bieten sich auch vom Point Imperial (2683 m).

Hiking: Alle Entfernungsangaben inkl. Rückweg. Tagestouren, Südkante: Der 19,6 km lange Bright Angel Trail (ab »Bright Angel Lodge«, Rim Trail) dauert 8–12 Std. und bewältigt fast 1000 m Höhenunterschied. Der South Kaibab Trail (ab Yaki Point, Desert Drive) ist 10 km lang und bietet viel versprechende Aussichtspunkte. Dauer: 6 Std. Nordkante: Der 23 km lange North Kaibab Trail beginnt 3,6 km nördl. der »Grand Canyon Lodge« und folgt dem Bright Angel Creek zur Phantom Ranch. Dauer: 12–13 Std.

Rafting: Floßexpeditionen dauern zwischen drei Tagen und 2 Wochen; man muss mindestens sechs Monate im Voraus buchen. Guter Veranstalter u. a.: Canyon Explorations (P. O. Box 310, Flagstaff, AZ, Tel. 520/774-4559).

Information: Visitor Services, P. O. Box 129, Grand Canyon, AZ 86023, Tel. 520/638-7888 (www.nps.gov/grca).

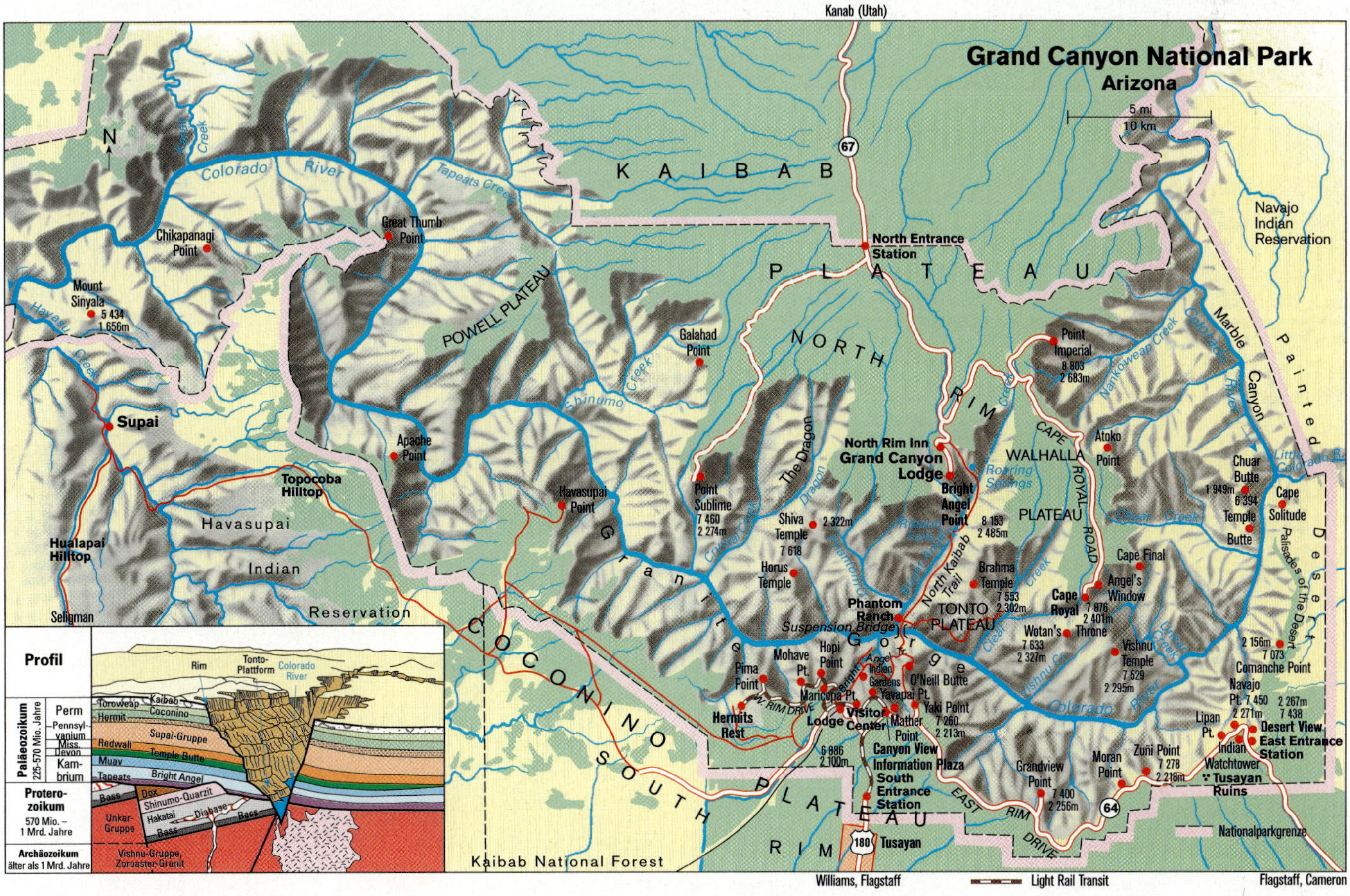

Kunst aus Stein, von der Erosion modelliert

Gr. Foto: Im Antelope Canyon. Kl. Foto: Monument Valley im Außenspiegel.

Rote, wie Skulpturen modellierte Felsen, blauer Himmel, ein paar Straßen, aber sonst die große Leere, die Ehrfurcht zu gebieten scheint. Isoliert und abgelegen, wirtschaftlich kaum zu gebrauchen, hat sich Amerika lange nicht für diese Gegend interessiert. Die Navajo und Hopi konnten so ihre Traditionen bewahren. Die ersten Touristen kamen erst, als Hollywood die grandiosen Felsenskulpturen als Western-Kulisse entdeckt hatte. Seitdem symbolisieren Bilder aus Nord-Arizona den amerikanischen Westen schlechthin.

Als habe die Erde ihr Inneres nach außen gekehrt! Dies ist ein geologisches Schlachtfeld, auf dem einst Titanen in einer Gewaltorgie die Erde entbeinten und ihre Knochen zum Bleichen zurückließen. Die Überreste dieser Apokalypse, die das Land hob und die Flüsse senkte, reichen bis zum Horizont. Sie sind gelb-rot im Sandstein und weiß-grau im Kalk, kosmetisch behandelt von Wasser, Wind und Wetter, den geduldigen Manikūren der Erosion. Heute erschließen ein paar Straßen ein Naturschauspiel, das auch weit gereiste Besucher in Staunen versetzt: Aus baumlosen Ebenen wachsen monumentale Felsdenkmäler, schneebedeckte Zweieinhalbtausender, tischartige Mesas und einsam Wache stehende Vulkane, deren Kuppen urzeitliche Explosionen entstellten. Menschen sind rar in diesem Teil Arizonas, wo ein Name stellvertretend für alle anderen Spektakel steht: Monument Valley!

Geologen rechnen dieses Land zum Colorado Plateau, Geographen und Traveller nennen es lieber die Four-Corners. Ein Flecken an der US-160, »in the middle of nowhere«, wie die Amerikaner so treffend sagen, ist ihr Fixpunkt. Von den Souvenirständen der Navajo umzingelt, markiert hier eine schlichte Zementplatte die Stelle, an der vier US-Bundesstaaten aneinander stoßen: Wer einmal um die Platte wandert, darf nachher sagen, innerhalb von 15 Sekunden in Arizona, New Mexico, Colorado und Utah gewesen zu sein.

Das Monument Valley gehört den Indianern

Für Historiker und Archäologen jedoch, vor allem aber für die Ureinwohner, ist dies »Indian Country«, Indianerland. Heilige Erde, die alle Stämme gebar und ihre Kulturen bis heute nährt. 200000 Navajo und 10000 Hopi leben in der riesigen Navajo Indian Reservation und der von ihr umgebenen Hopi Indian Reservation. Ihre Sprachen und Traditionen blieben intakt. Die der Hopi gehören zu den ältesten Nordamerikas: Die prähistorischen Anasazi, die Erbauer der über alle Four-Corner-Staaten verstreuten Felsendörfer, gelten als ihre Vorfahren.

Die Weißen sind dagegen erst seit wenigen hundert Jahren in der Region. Coronado zog 1540 hier durch, dann versuchten spanische und mexikanische Missionare Seelen zu retten. Der Erfolg war leidlich, ebenso die ersten Siedlungsversuche der Amerikaner in den 1850er-Jahren: Arizona war zu entlegen, der Widerstand der Navajo im Norden und der Apachen im Süden zu stark.

Erst 1863/64 ebnete Kid Carson mit der US-Kavallerie den Weg: Am Ende eines brutalen Vernichtungsfeldzuges trieb er die überlebenden Navajo im Canyon de Chelly zusammen und schickte sie auf den Marsch nach Fort Sumner (New Mexico). Vier Jahre später durfte der Rest auf Stammesboden zurückkehren. Geronimo, der legendäre Apachen-Führer im Süden, ergab sich erst 1886. Zu diesem Zeitpunkt war Arizona schon kein Frontier-Staat mehr: Die Eisenbahn verband es längst mit dem Rest der USA. Kupferabbau und später eine florierende verarbeitende Industrie katapultierten den Staat in die Gegenwart.

Vor etwa 20000 Jahren entstand der 180 Meter tiefe Meteor Crater

Wupatki National Monument: Anasazi-Pueblos aus dem 12. Jahrhundert

Versteinerte Lavaflüsse, dazwischen lichter Wald und über allem ein perfekt geformter Aschekegel: 1928 wollte ein Regisseur am Sunset Crater mit Dynamit eine filmreife Lawine auslösen. Besorgte Bürger wehrten sich jedoch dagegen. 1930 wurde das gesamte Gebiet als Sunset Crater National Monument unter Schutz gestellt.

Touristenzentrum und Universitätsstadt an der Route 66: Flagstaff

Der Sunset Crater brach vor etwa tausend Jahren zum letzten Mal aus und war 200 Jahre aktiv

Die versteinerten Bäume im Petrified Forest National Park sind etwa 225 Millionen Jahre alt

Die Erinnerung ist jedoch lebendig, vor allem in Flagstaff. Das in den Foothills der San Francisco Mountains liegende Universitätsstädtchen – 15 000 der 65 000 Einwohner studieren an der Northern Arizona University – bietet außer Studenten-Boheme jede Menge Frontier-Atmosphäre.

Flagstaff ist das Tor zu den Navajo- und Hopi-Reservaten

Wo 1876 ein Schafzüchter das erste Haus baute, hat sich eine schachbrettartig angelegte »Altstadt« bis heute der Mega-Malls erwehrt. Gebührenfreie Parkplätze, kurze Entfernungen: Das Stöbern in einer der vielen, indianische Künstler ausstellenden Galerien kann man herrlich planlos angehen, den Cappuccino ohne Parkuhrsorgen genießen und danach die alten Hotel-Legenden bewundern, wie das »Weatherford Hotel«, wo Westernautor Zane Grey seine Hymnen auf den Westen zu Papier brachte, oder das »Monte Vista Hotel«, wo die Zimmer nach John Wayne, Gary Cooper und anderen Hollywoodstars, die in der Umgebung drehten, benannt wurden. Wer die Reservate im Norden bereisen und verstehen will, sollte zuvor das Museum of Northern Arizona besuchen. Es bietet einen informativen Querschnitt durch die Indianer-Kulturen Nord-Arizonas. Einblicke in das harte Leben der ersten weißen Siedler vermittelt dagegen das Pioneer Historical Museum.

Jenseits von Flagstaff warten andere Welten. Im Walnut Canyon National Monument eine Begegnung mit den ersten Amerikanern: Wo der kleine Walnut Creek eine 200 Meter tiefe Schlucht in den dicht bewaldeten Kalkstein gefressen hat, bauten im 13. Jahrhundert die zu den Anasazi gezählten Sinagua-Indianer ihre Felsendörfer unter mächtige Felsüberhänge. Pfade in die Vergangenheit beginnen am Visitor Center.

Festliches Pow Wow der Navajo

Eine »Bombe aus dem All« schuf den Meteor Crater

Außerirdisch: Meteor Crater, 60 Kilometer östlich von Flagstaff. Vor 20000 Jahren schlug hier ein Meteorit ein und hinterließ einen 180 Meter tiefen und knapp vier Kilometer umfassenden Krater im baumlosen Grasland. Oder, wie die amerikanischen Broschüren es formulieren: 20 Football-Spiele könnten zugleich auf seinem Boden stattfinden, beobachtet von zwei Millionen Zuschauern auf den »Rängen«!

Nördlich von Flagstaff gibt es herrliche Nadelwälder, Vulkane und noch mehr prähistorische Pueblos. Den Ausbruch des Sunset Volcano 1064 n. Chr. werden die Bewohner der in der Umgebung freigelegten Siedlungen aus nächster Nähe mitverfolgt haben. Heute kurvt eine Panoramastraße durch das Sunset Crater Volcano National Monument, vorbei am über 300 Meter hohen, pechschwarzen Aschekegel, und führt schließlich zu den rund 800 Pueblo-Ruinen des Wupatki National Monument hinab.

Danach verschwimmen die San Francisco Mountains bald im Rückspiegel. Die US-89 strebt schnurgerade nach Norden, hinein in steiniges Land, das nur Kakteen und Agavengestrüpp duldet und Kojoten, Schlangen und andere Überlebenskünstler. Das staubige Nest

Mit einem eigenen Boot kann man den 300 Kilometer langen Lake Powell am besten erkunden

Rainbow Bridge: Die Felsenbrücke ist ein indianisches Heiligtum

Nur noch mit Führer und für 40 US-Dollar: Der Besucherstrom in dem acht Kilometer langen, bisweilen nur schulterbreiten Antelope Canyon musste reguliert werden, sollte dieser einmalige Tempel von Mutter Natur der Nachwelt erhalten bleiben. Für Fotografen ist dies der schönste Canyon der Welt. Upper Antelope bietet die meisten optischen Highlights. Lower Antelope ist seit der Springflut von 1997 geschlossen.

Spektakuläre Schlingen des San Juan River im Goosenecks State Park

Antelope Canyon, Page: Sonne und Sandstein zaubern ein märchenhaftes Farbenspiel

Cameron liegt bereits in der Navajo Indian Reservation. Im Autoradio senden lokale Sender auf Navajo, zerbeulte Pickups und alte Straßenkreuzer mit Amuletten am Rückspiegel schaukeln über die Straße. Die Stammespolizei sei gnadenlos mit Temposündern – besonders mit weißen, heißt es. Tanken in Tuba City, dem Zentrum der westlichen Navajo, einem 7000-Einwohner-Städtchen mit Shopping Malls und viel Verwaltung. Englisch ist nur zweite Wahl hier und das Tempo entschieden langsamer. Oder menschlicher? Rotznasige Kinder hängen am Kittel einer geduldigen Kassiererin, ein hoch gewachsener Greis mit langem Haar und Ledergesicht bewacht bewegungslos die Zapfsäulen: »Der mit dem Wolf tanzt«, die nächste Generation?!

In den Navajo-Gebieten ist das Fotografieren verboten

Ins Herz des Reservats führt die hier nach Osten abzweigende SR-264. Einsam und weit entfernt vom nächsten Nachbarn begleiten die Weiler der Navajo die Straße, dicht beieinander liegen hingegen die Häuser der Hopi. Religiöse Praktiken und Riten wie Heilungszeremonien und Tänze bestimmen noch immer den

Die Navajo sind berühmt für ihr Kunsthandwerk

Alltag, vor allem bei den Hopi. Welche öffentlich sind und welche nicht, erfährt man in ihren Kulturzentren. Fotografieren ist in der Hopi Indian Reservation übrigens streng verboten. Die Navajo möchten gern zuvor gefragt werden.
Eine Autostunde später: Navajo National Monument, drei spektakuläre prähistorische Felsendörfer, von denen eines, Keet Seel, das man nur nach einem langen Fußmarsch erreicht, so aussieht, als sei es gerade erst verlassen worden.

Dann kommt Kayenta, eingeschlossen von rot-gelben Felsenwänden, mit diversen Motels und Tankstellen. Der Ort wird »Gateway to Monument Valley« genannt – und das zu Recht: Gleich hinter der Stadtgrenze erklimmt die Straße einen Felsgrat, zwängt sich durch eine freigesprengte Öffnung, und da liegt es in seiner ganzen Pracht und Schönheit, das Marlboro Country, das John-Wayne-und-Thelma-und-Louise-Land, oder einfach: Monument Valley!

Alles ist so, wie es Hunderte von Filmen, Videos und Reklamespots gezeigt haben. Das graue Asphaltband verschwimmt in der flimmernden Hitze. Rote, bis zu 300 Meter hohe Monolithe, Reste urzeitlicher Vulkane, wie mit Messern zurechtgeschnitten und auf gelbe Sand- und Geröllhügel gestellt, recken sich dem blauen Himmel entgegen. Hier und da wächst der fein geriffelte Wüstensand zu Dünen zusammen. Das Spiel von Licht und Schatten zaubert eine unwirkliche Atmosphäre. Gleich der erste, ein konischer Monolith rechts neben der Straße, ist Agathla Peak, oder El Capitan, eines der beliebtesten Fotomotive.

Die Navajo nennen Monument Valley »Tse Bii Ndzisgaii« und verwalten es als Navajo Tribal Park. Nachdem Chief Hoskinini 1864 die Überlebenden der von Kid Carson angerichteten Massaker hierher geführt hatte, lebten sie in der Region lange unbehelligt vom weißen Amerika. Bis Hollywood kam. 1938 drehte John Ford hier den Westernklassiker »Stagecoach«, mit dem jungen John Wayne in der Hauptrolle, und brannte das Monument Valley ins Unterbewusstsein der weltweiten Kinogemeinde. Heute ist es das Symbol für den amerikanischen Südwesten schlechthin. 1958 schuf die Navajo Nation deshalb den

Traditionelle Navajo-Rundhütte

Die mehrere hundert Meter hohen Sandsteintürme und -nadeln im Monument Valley sind rund 180 Millionen Jahre alt und das Ergebnis von Jahrmillionen stetiger Erosion. Die oberen Sedimentschichten wurden nach und nach abgetragen, nur die bizarren Felsen konnten Sonne, Kälte, Wasser und Wind (bisher) trotzen.

Unterwegs im Monument Valley (unter

On the Road im Monument Valley: Ein Autofahrer-Traum wird wahr

Tribal Park, um ihr Stammesgebiet vor dem Massentourismus zu schützen. Seitdem sind Erkundungszüge auf eigene Faust verboten. Nur mit indianischen Guides gelangt man zu Orten, die nie einen englischen Namen trugen, sieht man die traditionellen »hogans« der Navajo, runde Weiler aus Adobe, in

Traumfänger gegen böse Kinderträume

Navajo-Guide: professionell und sachkundig

denen alte, nur Navajo sprechende Stammesmitglieder noch immer Teppiche weben, Körbe flechten und Silber zu herrlichem Schmuck verarbeiten.

Im Visitor Center bei Goulding kurz vor Utah beginnt man am besten die Besichtigung. Der Blick von hier ist zwar schon spektakulär genug, doch die Formenvielfalt im Valley lernt man erst auf dem »Navajo Loop« (23 km) kennen. Dies ist der einzige öffentliche Weg durch den Park, aber den eigenen Wagen auf diese Marterstrecke zu schicken, ist nicht ratsam: Herumliegendes Geröll schlägt die Ölwannen leck, und die Navajo lassen die Strecke so, wie sie ist – wohl auch, um ihren 4WD-Verleihern nicht das Geschäft zu verderben. Der Trip im gemieteten Allrad-Vehikel die Haarnadelkurven hinab auf den Talboden lohnt sich jedoch, und die staubige Schaukelei zu fantastischen Aussichtspunkten und spektakulären Felsskulpturen ist tatsächlich unvergesslich. Respekt, gute Umgangsformen und gesunder Menschenverstand werden den Besuch bei den selbstbewussten Navajo zu einem angenehmen Erlebnis machen.

Originelle Navajo-Kunst gibt es in Oljato

Wer nach dem Trip mit Navajo-Guides mehr über deren facettenreiche Kultur und Geschichte wissen möchte, sollte noch in Oljato vorbeischauen. Der Touristenstrom, der das Visitor Center überflutet, ist hier nur noch ein winziges Rinnsal.

Der Oljato Trading Post, ein flaches Adobehaus zu Füßen einer roten Sandsteinmesa, ist seit 1921 mit den Navajo im Tauschgeschäft. Haushaltsgegenstände gegen Kunsthandwerk heißt seit über 80 Jahren das Motto, jede Menge Klatsch und Neuigkeiten gibt es gratis dazu. Eine herrliche Gelegenheit, mit den Urenkeln der ersten Amerikaner ins Gespräch zu kommen – und hochwertiges Kunsthandwerk zu günstigen Preisen mit nach Hause zu nehmen.

REISE-INFO *NORD-ARIZONA*

Flagstaff

Karte: Seite 112/113, Planquadrat F 6.

Unterkunft: Flagstaff verfügt über Herbergen aller Preisklassen. Unten rangieren die Motels an der »budget row« genannten Route 66. Preiswert schläft man auch in den historischen Hotels »Weatherford« (23 N. Leroux St., Tel. 520/774-2731, Fax 774-8951) und »Monte Vista« (100 N. San Francisco Rd., Tel. 520/779-6971, Fax 779-2905; www.hotelmontevista.com).

Sehenswürdigkeiten: Das Museum of Northern Arizona (auf US-180 5 km in nordwestl. Richtung, Tel. 520/774-5213, tgl. 9–17 Uhr) bietet einen Querschnitt durch die Kulturen der Navajo, Hopi und Zuni. Zeitgenössisches Kunsthandwerk dieser Stämme rundet die Ausstellungen ab. Dagegen widmet sich das Pioneer Historical Museum den Siedlern: Alte Fotos, Sättel und Planwagen vermitteln Eindrücke vom harten Leben der ersten Weißen. Hinter dem Museum lohnt »The Art Barn« (Tel. 520/774-0822, tgl. 9–17 Uhr): Hier stellen regionale anglo-amerikanische und Navajo-Künstler aus.

Aktivitäten: Einen herrlichen Blick aus 3800 m Höhe bietet der Scenic Sky Ride (10 km auf der US-180 in nordwestl. Richtung). Hinauf geht es mit dem Snowbowl-Sessellift (Juni–Labor Day tgl. 10–16 Uhr). 16 km auf der I-40 nach Osten liegt das für seine Sinagua-Ruinen berühmte Walnut Canyon National Monument (Tel. 520/526-3367, tgl. 9–17 Uhr, www.nps.gov/waca). Weiter östlich auf der I-40 erreicht man Meteor Crater (tgl. 6–18 Uhr; www.meteorcrater.com). Noch weiter hinter Holbrook liegt der Petrified Forest National Park. Eine 46 km lange Panoramastraße führt durch den Park mit seinen versteinerten Bäumen (Tel. 520/524-6228; www.nps.gov/pefo).
Sunset Crater Volcano (tgl. 8–17 Uhr, Tel. 520/526-0502; www.nps.gov/sucr): Der Lava Flow Trail (1,5 km) führt über die erstarrte Lava des Bonito Lava Flow zu Fumarolen zu Füßen des Sunset Crater. Der 2400 m hohe Lenox Crater kann in einem halbstündigen Marsch bestiegen werden. Bei klarer Sicht lohnt sich die Besteigung des O'Leary Peak (2958 m) mit eindrucksvollem Blick in den Krater.

Einige Meilen weiter nördlich befinden sich im Wupatki National Monument einige Ruinen der Ureinwohner. Nach dem Ausbruch des Sunset Crater errichteten die Sinagua-Indianer um 1100 n. Chr. die noch heute imposanten Pueblos. Angehörige anderer Kulturen, darunter Anasazi, Cohonina und Hohokam, ließen sich ebenfalls hier nieder und erzeugten einen Kulturmix, den die Ausstellung im Visitor Center erklärt (Tel. 520/679-2365; www.gov/wupa).

Information: Flagstaff Convention and Visitors Bureau, 211 W. Aspen Ave., Tel. 520/779-7645.

Lake Powell & Glen Canyon

Karte: Seite 112/113, Planquadrat E 6.

Unterkunft: Alle Hotels, Motels, Lodges und Hausboote am Lake Powell werden von Lake Powell Resorts and Marinas (Tel. 602/278-8888, Fax 602/331-5258; www.visitlakepowell.com) betrieben.

Aktivitäten: Um die Hite Marina fordern der Flint Trail (84 km) und der Panorama Point Trail (16 km) Zwei- und Vierrad-Fans heraus. Der beliebteste Bootsausflug – von Wahweap, Bullfrog und Halls Crossing legen tgl. Dampfer dorthin ab – führt zum Rainbow Bridge National Monument, einer knapp 100 m hohen Felsenbrücke. Etwa 6 km südöstlich von Page befindet sich der Antelope Canyon. Er kann nur im Rahmen einer geführten Tour besucht werden. Zudem ist das Betreten des Felsenlabyrinths gefährlich: Bei plötzlichem Hochwasser hat man hier keine Chance, sich rechtzeitig in Sicherheit zu bringen.

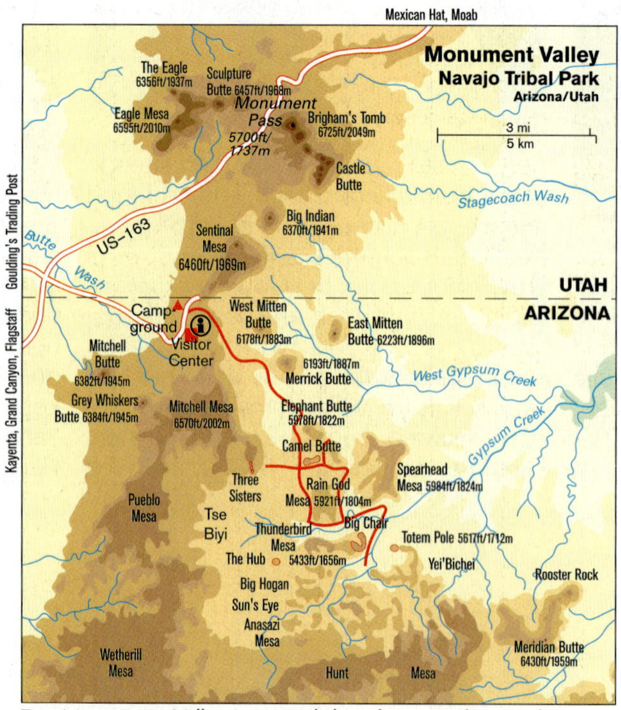

Das Monument Valley ist seit Jahrhunderten Indianergebiet

Information: Lake Powell & Glen Canyon National Recreation Area (Tel. 520/ 608-6404, Fax 608-6283).

Navajo/Hopi Reservation

Karte: Seite 112/113, Planquadrat E/F 6/7.

Unterkunft, Restaurants: In den größeren Siedlungen gibt es einfache Motels und Campingplätze. Die Restaurants servieren mexikanisch-indianische Küche.

Information: Beste Adressen sind die von Navajo und Hopi geführten Fremdenverkehrsämter, Kulturzentren und Museen. In Window Rock bei St. Michael erteilt das im Navajo Museum untergebrachte Navajo Nation Tourism Department (Tel. 520/871-6436, Fax 871-7381 www.navajoland.com) Auskünfte. Das ebenfalls hier angesiedelte Navajo Parks & Recreation Department (Tel. 520/871-6647) hilft Wanderern und Campern. In beiden erfährt man, wo öffentliche Tänze und Zeremonien stattfinden. Anlaufpunkt in der Hopi Reservation ist das Hopi Tribe Cultural Preservation Office in Kykotsmovi (Tel. 520/734-2244, www.nau.edu/~hcpo-p). In der Siedlung Second Mesa liegt das Hopi Cultural Center (Tel. 520/734-2401) mit einem Museum.

Navajo National Monument: Es besteht aus den Anasazi-Stätten Betatakin, Keet Seel und Inscription House. Besuchsgenehmigungen müssen mindestens zwei Monate im Voraus bei der Verwaltung beantragt werden (Tel. 520/ 672-2366, www.nps.gov/nava).

Navajo Tribal Park

Karte: S. 112/113, Planquadrat E 6/7.

Unterkunft: In Kayenta gibt e zahlreiche Hotels und Motels.

Sehenswürdigkeiten: Das Visitor Center (38 km hinter Kayent auf der US-163, dann rechts a und weitere 6 km; Tel. 435/727-335) bietet Ausstellungen, Navajo Kunsthandwerk und ein Restaurant. Daneben warten Navajo Tourveranstalter auf Kundschaf Die Touren durch die Felslandschaft dauern 1,5 bis vier Stunden Reiter-Touren können bis zu eine Tag in Anspruch nehmen.

Monument Valley: Die Navajo leben vom Tourismus und von der Schafzucht, wohlhabend sind nur die allerwenigsten

Gemütliche Gipfeltour auf den Mount Agassiz

Sunset Crater National Monument: Die Vegetation erobert das Land zurück

Lichterspiel im Antelope Canyon

Mit 5,9 Millionen Hektar ist die Navajo Indian Reservation das größte Indianer-Reservat der Vereinigten Staaten. Verwaltet wird es von einem gewählten Stammesrat, dessen Weisungen jedoch nicht von allen Gruppen respektiert werden. Einig sind sich alle Gruppen gegenüber Besuchern jedoch in der strikten Befolgung des Fotografierverbots und der Respektierung von Privateigentum.

300 Felsbehausungen gibt es im Walnut Canyon National Monument

Wo die Wildnis am schönsten ist

Gr. Foto: Auf der White Rim Road im Canyonlands National Park. Kl. Foto: Mountainbiker auf dem Slickrock Trail bei Moab.

Auf dem Colorado Plateau im Süden Utahs gelten die fünf Nationalparks Zion, Bryce, Capitol Reef, Arches und Canyonlands als Kronjuwelen unter den amerikanischen Naturschutzgebieten. Geologische Kräfte aus dem Erdinnern und Jahrmillionen fortwährende Erosion schufen hier Landschaften mit jeweils eigenem, unverwechselbarem Charakter. Besucherfavorit ist Zion. Als »Geheimtipp« gilt Capitol Reef: Auch während der Hochsaison gibt es dort kaum Gedränge.

Die schlechte Nachricht vorweg: Die Höhe – Moab liegt 1200 Meter über dem Meeresspiegel – quetscht einem die Luft aus den Lungen. Und Wasser hat man nie genug dabei, bei Spitzentemperaturen um 40 Grad im Sommer ist das fatal. Da sind die Wege nur etwas für Süchtige. Oder für Frühaufsteher.

Die gute Nachricht: Das macht nichts. Schwierigkeiten spornen diese Spezies nur an. Denn Moab in der roten Felsenlandschaft Südost-Utahs ist das Mekka der internationalen Mountainbiker-Gemeinde. Nirgends sonst auf der Welt, so »Wolke Nr. 7« am Mountainbiker-Himmel. Das Zauberwort heißt »slickrock«. Wo weiße Siedler einst fluchend auf beschlagenen Gäulen über glatte Felsflächen schlitterten, tummeln sich heute alljährlich über 100000 Anhänger dieses Outdoorsports.

Moab – Hauptstadt der Mountainbiker

Moab begann im 19. Jahrhundert als Vorposten mormonischer Siedler, die hier eine Furt über den Colorado River fanden. Vor 40 Jahren veranstalteten Uransucher einen kurzlebigen Boom. Vor zehn, zwölf Jahren kamen die ersten dieser Boys und Girls mit den Waden aus Stahl. Seitdem ziehen Dutzende von Wegen, die »Gravity Kills«, »Faith in Friction« oder »Hell's Revenge« heißen, die Pedaltreter an. Mit bezahlbaren Motels, schummrigen Brew Pubs und jeder Menge Bike Shops und Outfitterläden haben sie Moab in einen Treff der Jugendkultur verwandelt.

Der Slickrock Trail gilt als »Mutter aller Mountainbike Trails«. Er macht so viel Spaß, wie man angezogen nur haben kann – behaupten die Boys in den Bike

Ein gut ausgebautes Wegenetz führt durch den Arches National Park

schwören diese braun gebrannten Kraftpakete, schaffen sie so extreme Steigungen. Nirgends sonst haften die Reifen so gut wie hier, ermöglicht rauer Sandstein so waghalsige Manöver. Und: Nirgends sonst ist die Aussicht besser. Mit den von Wasser, Wind und Wetter glatt gehobelten Felsenbögen, -zinnen und -türmen der Nationalparks Arches und Canyonlands vor dem Lenker und den schneebedeckten Viertausendern der La Sal Mountains am Horizont steht Moab für

Mittelalterliche Burgen, versteinerte Schiffe, erstarrte Riesen: Die Felsformationen im Arches National Park regen die Fantasie an. Berühmt ist der Park jedoch wegen seiner natürlichen Bögen und Brücken. Die Bögen (»arches«) sind das Resultat der Arbeit von Schnee und Regen, Hitze und Kälte, den Kräften der Erosion. Die Brücken (»bridges«) hingegen haben Flüsse in den weichen Sandstein gehobelt.

Arches National Park: Fotografen aus aller Welt zieht es hierher

Shops. 1969 hat ihn ein Motocross-Fahrer mit weißen Pfeilen markiert. Später übernahmen die Mountainbiker die Regie. Heute firmiert der Slickrock Trail (15,4 km) als schönster der USA. Die Superlative sind berechtigt, auch wenn es hier noch mehr Klasse-Trails gibt. Allerdings ist er nichts für Anfänger: 50-prozentige Steigungen wechseln ab mit schwarz gähnenden Canyons, es geht durch V-förmige Flussbetten mit losem Geröll und tückischen Schlaglöchern und über massive, versteinerte Sanddünen auf von bizarren Felsnadeln bewachte Plateaus mit unvergesslichen Panoramen. Selten bietet sich die Gelegenheit für einen größeren Gang. Schrägen werden über dem Hinterrad hängend ausbalanciert, Steigungen mit explosionsartigem Antritt genommen. Die offizielle Maßgabe von fünf Stunden für den Slickrock Trail spricht Bände über das hohe Niveau. Nur Profis schaffen ihn in zwei.

Musikkneipen, Ausstatter, die auch Geländewagen vermieten und Raftingtrips organisieren, Restaurants und sogar ein Weingut: Das klingt mehr nach Westküste als nach Utah. Im wertkonservativen Utah ist Moab damit eine hippe Enklave.

Die meisten Menschen in Utah sind Mormonen

Drei Viertel der Bevölkerung Utahs sind Mormonen. Bis heute nehmen die meisten ihren Glauben ernst, trinken und rauchen nicht, halten Ehe und Familie in Ehren und Homosexualität und vorehelichen Geschlechtsverkehr für Sünde. Die jungen Leute gehen nach der Schule für ein, zwei Jahre als Missionare ins Ausland, um das »Buch Mormon« zu predigen. Dieses steht für sie gleichberechtigt neben der Bibel und ist die Übersetzung eines Textes, den der Engel Moroni in den 1820er-Jahren dem Religionsgründer Joseph Smith überreicht haben soll. Den Auftrag, die Kirche Jesu wieder herzustellen – nach seiner Auferstehung soll Jesus 40 Tage lang bei den Indianern, die als Nachkommen zweier verlorener Stämme Israels gelten, missioniert haben –, befolgte Smith 1830 mit der Gründung der »Church of Jesus Christ of Latter-day Saints« (LDS) im Staat New York.

Ihr religiöser Eifer, ihr wirtschaftlicher Erfolg und die von ihren Führern praktizierte Polygamie schafften ihnen jedoch

Fingerhut- bis fußballfeldgroß: Arches zählt über 2000 natürliche Bögen und Brücken

Arches National Park: Auf uralten Schichten roten Navajo-Sandsteins thront der Delicate Arch

39 Meter hoch und 3600 Tonnen schwer ist der Balanced Rock im Arches National Park

Feinde, alsbald wandten sie sich nach Ohio und Missouri, um dort das Reich Gottes zu errichten. Misstrauen schlug ihnen aber auch hier entgegen. 1844 wurde Smith in Illinois gelyncht, danach sahen die Kirchenführer auch im Mittleren Westen keine Zukunft mehr. Ihre Hoffnungen richteten sich nun auf die letzten weißen Flecken der Landkarte.

»Dies ist der rechte Ort«: Salt Lake City

1846 brachen die Mormonen unter der Führung von Brigham Young zu ihrem Treck nach Westen auf. Im Sommer des folgenden Jahres erreichten sie das Salt Lake Valley. Mit den Worten »Dies ist der rechte Ort« bestimmte Young die lebensfeindliche Ödnis zum Mittelpunkt des neuen Kirchenstaats Zion. Salt Lake City wurde gegründet, die Wüste zum Blühen gebracht. Schon Ende 1848 lebten 3000 Mormonen im Salt Lake Valley. Mit dem Rest Amerikas lagen die nonkonformen Siedler lange über Kreuz. Bemühungen Washingtons, die weltliche Macht der »Church of Jesus Christ« im Utah Territory einzudämmen und die Polygamie abzuschaffen, stießen bei ihnen auf Ablehnung. Erst 1890 verboten ihre Führer die Vielehe. Washington revanchierte sich: 1896 wurde Utah der 45. Bundesstaat der USA.

Zu Beginn des dritten Jahrtausends ist der Einfluss der Kirche noch immer stark. Fremde spüren davon allerdings kaum etwas. Alkohol, Kaffee und Coca Cola – selbst diese koffeinhaltigen Getränke waren lange geächtet – sind überall zu haben, ein absolutes Rauchverbot in Restaurants gibt es inzwischen auch in den meisten anderen Bundesstaaten.

Die Erschließung der unübersichtlichen Region verlief schleppend, bis heute ist das kleine Moab der größte Ort weit und breit. Dem Traveller ist das gerade recht. Denn dies ist »Canyonland Country«, rote Felsenlandschaft so weit das Auge reicht, mit Tausenden von tiefen Schluchten, bizarren Formationen und eleganten Steinbögen und einigen wenigen grünen Oasen. Das Gefühl, zumindest im Geiste schon einmal hier gewesen zu sein, trügt nicht: Um Moab wurden etliche Hollywoodfilme gedreht, darunter »Indiana Jones und der Letzte Kreuzzug«, »Thelma and Louise« und »City Slickers II«. Selbst wer kein Mountainbiker ist, hat hier für viele Wochen genug zu tun.

Oder für ein ganzes Leben. Es gäbe hier, sagen die »Locals«, ein paar Besessene, die nichts anderes täten, als Felsbögen und -brücken zu sammeln. Verrückt? Mehr als 2000 »arches« und »bridges« haben sie allein im Arches National Park gezählt – an keinem Ort der Welt gibt es mehr natürliche Felsbögen. Dieser Nationalpark, zehn Autominuten nördlich von Moab gelegen, ist ein wahrer Augenschmaus. Rote Sandsteintürme, allein oder im Dutzend, säumen die Straße, manche bekrönt von gewaltigen Blöcken, die, auf schlanken Sockeln balancierend, jederzeit herabzustürzen drohen. Pfade aller Längen und Schwierigkeitsgrade führen über

Dead Horse Point Overlook im Licht der untergehenden Sonne

Seit 1964 ist die Felswildnis am Zusammenfluss von Colorado und Green River ein Nationalpark. Die beiden Flüsse haben den fast 1400 Quadratkilometer großen Canyonlands National Park in drei Teile zerschnitten: das hohe Tafelland (Island in the Sky), The Needles mit rot und weiß gebänderten Felsnadeln, -türmen und -bögen und The Maze, ein Gewirr von Spalten und Spornen, durch das nur Pfade für Allradfahrzeuge, Mountainbikes und Wanderer führen.

Familienrast: Auch für Kinder gibt es geeignete Mountainbike-Strecken

Der Canyonlands National Park lässt sich am besten im Geländewagen erforschen

Canyonlands National Park: Dead Horse Point Overlook ... ... und typische Landschaft (unten)

»slickrock« zu Bögen in allen Variationen, zu leicht übersehbaren hoch oben in den Felswänden oder zu Fototerminen mit Superstars wie dem eleganten, 100 Meter langen »Landscape Arch« oder dem nicht minder spektakulären »Delicate Arch«. Parkranger führen durch Felslabyrinthe wie »Fiery Furnace«, einen Irrgarten aus dunklen, mitunter nur schulterbreiten Schluchten tief im Sandstein, und erklären, wie die Bögen überhaupt entstanden sind.

In Jahrmillionen entstanden die Felsbögen im Arches-Nationalpark

Der Zauber dieser Landschaft beruht auf Salz, Wasser, Eis und extremen Temperaturen. Die Basis dieser Region bildet eine unterirdische, 1000 Meter dicke Salzschicht, die ein Inlandmeer, das damals das gesamte Colorado Plateau bedeckte, vor 300 Millionen Jahren hinterließ. Darüber legten sich Sedimentschichten ab. Später ließ unterschiedlich starker Druck das Salzbett an vielen Stellen nach oben steigen, wobei auch die Sedimentdecke gewölbt wurde. Grundwasser, Wind und Wetter wu-

Capitol Reef National Park: Wasserfälle und natürliche Pools bieten eine willkommene Erfrischung

schen das Salz aus der Wölbung, und fertig waren die ungewöhnlichen Steingebilde.

Ein ausgezeichnetes Straßen- und Wegenetz macht Arches zu einem Publikumsliebling. Nichts für Sonntagsfahrer ist dagegen der Canyonlands National Park im Süden Moabs. Mit 1365 Quadratkilometern der größte Park Utahs, besteht er aus drei Bezirken, die nicht miteinander verbunden sind. Der größere Fahraufwand wird indes fürstlich belohnt: Spektakuläre Aussichten in 600 Meter tiefe Canyons, Felsnadeln und -türme en masse und in allen Rottönen changierende Sandsteinwände, die 150 Millionen Jahre Erdgeschichte zeigen. Wer den Überblick behalten will, steigt am besten ins Flugzeug.

Auf dem Colorado durch die »Eingeweide« des Canyonlands N.P.

Wer ein Gefühl für die außerirdische Atmosphäre gewinnen möchte, schließe sich einer Floßtour auf dem Colorado an. Der liegt viele hundert Meter tief in den Eingeweiden dieser wagnerianischen Landschaft und fließt in 180-Grad-Kurven, die hier »goosenecks« heißen, durch eine beinahe vegetationslose Kulisse, die selbst den nüchternen John Wesley

Capitol Reef N.P.: Cassidy Arch

Niemals ohne Stativ: Gegen Abend gibt es die besten Bilder (unten)

Die Navajo nannten das Gebiet des heutigen Capitol Reef National Park »Land des schlafenden Regenbogens«. Denn zu den im Canyonland Country üblichen Rot- und Orangetönen gesellen sich zahllose Grünschattierungen, geschaffen vom Fremont River, dem diese Felsenlandschaft mehrere kleine Oasen verdankt.

Capitol Reef N.P.: auf schmalem Trail hoch über Grand Wash

Feierabend: Abends holt der Ranger das Star-Spangled-Banner ein

Powell, der 1869 als Erster den Colorado hinabfuhr, beeindruckte: »Wir treiben durch eine fremdartige, merkwürdige, fantastische Gegend. Die Landschaft um uns herum besteht aus nichts als Stein.«

Froh, nicht mit Powell bei Pemmikan und Zwieback im Boot hocken zu müssen, ist man auf dem Grand View Point Overlook im Island in the Sky District. Dieser nördliche Teil des Nationalparks ist der am besten erschlossene und für Besucher mit wenig Zeit die erste Wahl. Unter dem Grand View Point breitet sich eine von urzeitlichen Gewalten zerfetzte Landschaft aus, verschiedene kurze Trails führen zu weiteren Bilderbuch-Ausblicken. Im Nordosten schließt sich der Dead Horse Point State Park an. Der mit dem Rest der Mesa durch eine schmale, beidseitig 600 Meter senkrecht abfallende Felsbrücke verbundene Point diente früher Cowboys als Pferdekoppel. Heute steht hier ein Visitor Center. Die Aussicht: fünf Sterne!

Fahrvergnügen der besonderen Art: unterwegs auf der White Rim Road

Der Canyonlands National Park ist ein Tummelplatz für Wanderer und Mountainbiker – die Pfade stecken einem noch Tage später in den Knochen. Er ist auch eine Topadresse unter Geländewagen-Fans. »Four Wheeling«, die magenumstülpende Fortbewegung in robusten Allrad-Fahrzeugen, ist ganz groß hier. Star unter den 4WD-Trails ist die 160 Kilometer lange »White Rim Road« durch den Island in the Sky District, eine zwei- bis dreitägige Marterstrecke für Untersatz und Hinterteil.

Der Asphalt allein erschließt durchaus Naturwunder genug. Südlich von Moab darf das Auge etwas ruhen. Dies ist Weideland, Kühe und Schafe grasen auf grünen Matten, die Berge diskret im Hintergrund. In Monticello, Basis für Trips in den südlichen Needles District des Canyonlands National Park, befindet sich das Monticello Museum mit seiner Anasazi-Ausstellung, ein lehrreicher Appetizer für den Abstecher zum Mesa Verde National Park drüben in Colorado (siehe auch Seite 88ff).

Auf dem Weg dorthin, noch auf der Utah-Seite, passiert man auf einem kurzen Abstecher die Anasazi-Ruinen des Hovenweep National Monument. Anders als die weltberühmten Anasazi-Felsendörfer von Mesa Verde liegen die

Sandsteintürme und -häuser der einst sechs wehrhaften Indianerdörfer von Hovenweep in menschenleerer Hochwüste. »Verlassenes Tal« heißt das Wort in der Sprache der Ute, ein heute noch passender Name für diesen geheimnisvollen, vom Massentourismus verschonten Ort, der den Archäologen noch immer mehr Fragen als Antworten beschert.

Raftingtrips auf dem San Juan River an Anasazi-Felsennestern vorbei, erkundet Ruinen in den Felsenwänden, wo zerbrochene Haushaltsgegenstände noch immer dort liegen, wo ihre Besitzer sie vor 700 Jahren zurückließen. Felsenmalereien überall, kaum gedeutet, magisch, mit Figuren, die scheinbar Helme mit Antennen tragen und von »Ufologen« als außerirdische Astronauten gedeutet werden.

Im Zion National Park hat der Virgin River einige Oasen geschaffen

Die Straßen – jede hier ist eine Traumstraße. Waren Häuser oder gar Siedlungen am Wegesrand bislang selten, fehlen sie nun gänzlich. Das Wildnisgebiet auf halbem Weg zwischen den Nationalparks Canyonlands im Osten und Bryce Canyon im Westen gehört zu den am spätesten erforschten Gebieten der Lower 48. Mauerartige Verwerfungen, von schwer zugänglichen Canyons durchschnitten und gewaltigen Felsendomen gekrönt, hielten bis in die 1860er-Jahre den Verkehr auf, erinnerten die ersten Siedler an ein Riff im Ozean. Daher der Name: Capitol Reef.

Capitol Reef ist noch nicht so überlaufen wie die anderen Parks

Heute ist Capitol Reef ein Nationalpark und der stille Star unter Utahs geschützten Wildnisgebieten. Zwei Faktoren heben ihn von den übrigen ab: Seine enorme Formenvielfalt und seine niedrigen Besucherzahlen. 700 000 Touristen – verglichen mit den Kollegen weiter westlich sind das nicht viele – bestaunen pro Jahr

Im Galopp durch den Virgin River

Dauergast beim Picknick: Eichhörnchen

Anasazi: Die meisten ihrer über alle Four-Corner-Anrainer verstreuten Ruinen waren vergessen, bis sie im 19. und 20. Jahrhundert von Cowboys auf der Suche nach streunendem Vieh wieder entdeckt wurden. Viele, da sind sich die Experten einig, sind noch immer nicht gefunden. So manches prähistorische Gemäuer gibt es bei einer Reise durch die Region als Gratis-Zugabe: So gleitet man in Bluff, einem schläfrigen 300-Seelen-Nest kurz vor Arizona, bei

Zion N.P.: Die Narrows, eine bis zu 600 Meter tiefe Schlucht, ist nur im Virgin River »begehbar«

Zion National Park: Kletterer in den Sandsteinklippen im Zion Canyon

Unterwegs auf dem Scenic Byway UT 12 im Grand Staircase-Escalante

Indianer und Siedler pflegten eine großen Bogen um die felsige Ödnis rund um den Escalante River zu machen. Viehdiebe und sonstiges lichtscheues Volk zog sie dagegen magisch an. Heute ist die unübersichtliche Canyonlandschaft ein Naturschutzgebiet und interessiert als Grand Staircase-Escalante National Monument all jene besonders, die eine Wildnis ohne Besucherzentren und Panoramastraßen suchen. Nur wenige hundert Wanderer und Reiter zählt die Parkverwaltung pro Jahr. Denn wer in das Innere der wüstenhaften Schichtstufenlandschaft aufbricht, ist auf sich allein gestellt.

so assoziative Formationen wie »Hamburger Rock« und »Temple of the Moon«, erfreuen sich an winzigen Oasen, die der Fremont River hier geschaffen hat. So liegt das Visitor Center in einem Hain alter Eschen, Weiden und Balsampappeln, während gepflegte Obstplantagen an Fruita erinnern, eine von zehn Mormonen-Familien um 1880 gegründete Gemeinde, von der heute noch die 1896 erbaute Schule zu besichtigen ist. Plankenwege führen zu Galerien prähistorischer Felsmalereien, die der Fremont-Kultur zugeschrieben werden, einer Anasazi-nahen Kultur.

Mountainbiking und Four Wheeling auf speziellen Wegen sind auch hier beliebt. Den Zauber dieser kolossalen, in allen Rot- und Orangetönen schwelgenden Canyon-Landschaft erlebt man jedoch nur zu Fuß. Einer der vielen Pfade

Nach einem anstrengenden Wandertag haben auch die Schuhe Erholung verdient

führt von der Aussichtsstraße hinauf zum »Cassidy Arch«: Der legendäre Eisenbahnräuber Butch Cassidy, 1866 als Robert LeRoy Parker im nahen Beaver geboren, soll sich zwischen seinen Raubzügen mit seinen Männern in den engen Canyons unterhalb versteckt haben.

»A helluva place to lose a cow«, sagen die Cowboys lakonisch über Orte wie diesen. Immerhin, hier schaffen sie es noch, wenn auch erst nach Tagen, eigensinniges Viehzeug wieder einzusammeln. Noch tiefer im Südwesten sind ihre Chancen hingegen gleich null. Das von den Nationalparks Capitol Reef im Norden und Bryce Canyon im Südwesten begrenzte Dreieck ist so unzugänglich, dass einer dem Lake Powell im Südosten zufließenden Flüsse, der Escalante River, erst 1872 entdeckt und das gesamte Gebiet, eine Fläche von der Größe Rhode Islands und Delawares (also etwa 8500 Quadratkilometer), erst in den 1930er-Jahren kartografiert wurde.

1996 erklärte US-Präsident Bill Clinton diese letzte Wildnis der USA zum Grand

Das »Amphitheater« von Bryce, gesehen vom Bryce Point

Ponderosa Canyon Overlook (unter

taircase-Escalante National Monument. :ampingplätze, Trails oder gar Straßen in ieser geographisch aus drei Regionen estehenden Wildnis gibt es bis heute aum. Wer die Escalante River Canyons n Norden, die Mesas und Canyons des aiparowits Plateau im Zentrum und die andsteincliffs im Grand-Staircase-Abchnitt sehen will, muss alles zum Überben Notwendige mitführen. Ein paar)utfitter in den Orten Boulder und scalante organisieren ein- bis mehr-

Amphitheater, Kathedralen, wie in der Bewegung erstarrte Armeen aus Felssäulen und -nadeln: Der Bryce Canyon National Park kommt dem Bild eines verwunschenen Märchenlandes am nächsten. Von allen Nationalparks Utahs ist er zudem am leichtesten zu erkunden: Die Park Road passiert etliche fantastische Aussichtspunkte, von wo aus leichte Wege hinab führen.

Bryce Canyon: zu Fuß auf dem Navajo Loop

wöchige Wander- und Reittouren – spannende Expeditionen ins Ungewisse, die denen vor 150 Jahren kaum nachstehen!

Die grandiose Leere wie im Grand Staircase-Escalante ist der Stoff, aus dem Legenden sind. Von verrückt gewordenen Goldsuchern und verdursteten Missionaren. Von den letzten Gefechten aufständischer Navajo in den 1920er-Jahren. Und von einem jungen Maler namens Everett Ruess, der 1934 mit einem Muli ins Innere aufbrach und nie mehr gesehen wurde. Ein Unfall? Viehdiebe? Oder stieg Ruess einfach nur aus? Die letzte Wildnis der Lower 48 behält die Antwort für sich.

Werden die Nationalparks Zion und Bryce zu Tode geliebt?

Die Nationalparks im Süden Utahs gelten als Kronjuwelen unter Amerikas Naturschutzgebieten. So viel Schönheit hat jedoch ihren Preis. Die Zeche zahlen die beiden Nationalparks im Südwesten. Bryce Canyon und Zion werden förmlich überrannt: 1,7 Millionen Touristen zählt Bryce Canyon jährlich, Zion schauen sich pro Jahr sogar knapp drei Millionen an. Voll gestopft mit Naturwundern, teilen beide zudem das »Unglück«, von Las Vegas aus bequem in zwei, drei Tagen »machbar« zu sein. Das Resultat: Verkehrschaos und Stop-and-Go, genervte Touristen und Gerangel um freie Parkplätze. Vor allem in den Sommermonaten Juli und August muss man hier auf Abstriche beim Naturerlebnis gefasst sein. Ende der 1990er-Jahre riefen Umweltgruppen den Notstand aus. Der National Park Service, bis dahin stets einvernehmlich mit der Tourismusindustrie kooperierend, vollzog daraufhin eine spektakuläre Wende und strebt nun die Verbannung aller Verbrennungsmotoren nicht nur

38 Meter hoch ist die Natural Bridge

aus diesen beiden, sondern auch aus allen anderen, ähnlich zu Tode geliebten Parks an.

Ganz schließen, wie es radikale Umweltschützer fordern, wird man die Parks jedoch nicht können. Die Lösung liegt vorerst im Shuttle-Bus-System. Seit 1999 können umweltbewusste Besucher auch in Bryce Canyon und Zion die Wunder der Natur in umweltfreundlichen Bussen abklappern. Dass man auf dem richtigen Weg ist, weiß der National Park Service ganz sicher. Die gegenwärtigen Probleme, so heißt es dort, seien nämlich nicht auf zu viele Menschen zurückzuführen, sondern auf zu viele Autos. Mit einem besser organisierten Transportsystem könnten sogar noch mehr Menschen die Naturschauspiele der USA genießen.

REISE-INFO
UTAH: NATIONALPARKS

Arches National Park

Karte: Seite 112/113, Planquadrat D 7. Der Park wurde 1971 gegründet und ist 313 qkm groß.

Unterkunft: In Moab (siehe weiter unten). Campingplatz im Nationalpark (Devils Garden).

Aktivitäten: Ein Dutzend kurzer, bis zu 7 km langer Trails führt zu den schönsten natürlichen Felsenbögen und Aussichtspunkten. Gesehen haben sollte man Delicate Arch (zu erreichen in einer anstrengenden etwa 2-stündigen Wanderung von der Wolfe Cabin/Ranch aus) und Landscape Arch (zu erreichen auf dem Devils Garden Trail; Beginn: Devils Garden Trailhead). Parkranger führen Besucher durch repräsentative Abschnitte wie Fiery Furnace. Für Mountainbiker und Allrad-Fans gibt es eigene Trails und Pisten.

Information: Arches N.P. (Tel. 435/259-8161, www.nps.gov/arch).

Bluff

Karte: Seite 112/113, Planquadrat E 7.
Das 100-Seelen-Nest zu Füßen der fotogenen Sandsteinsäulen Navajo Twins liegt kurz vor Arizona. Als Basis für Raftingtrips auf dem San Juan River wird der Ort immer beliebter.

Unterkunft: Ein paar Hotels und Motels. Empfehlenswert: der neue »Desert Rose Inn« (US-191, Tel. 435/672-2303, Fax 672-2217; www.desertroseinn.com), ein schönes Holzgebäude mit geräumigen Zimmern.

Aktivitäten: Ein- und mehrtägige Rafting-Expeditionen auf dem San Juan mit Wild River Expeditions (Tel. 435/672-2244). Wenige Kilometer westlich liegt das Valley of the Gods mit seinen dramatischen Felsentürmen. Durch diese Landschaft führt eine unbefestigte Wüstenpiste.

Hovenweep National Monument: (Tel. 435/692-1234, www.nps.gov/hove): Weiter Richtung Osten in Colorado liegen in der High Sierra Anasazi-Ruinen aus dem 13. Jh. Vom Visitor Center (tgl. 8–17 Uhr) führt ein Trail zu den Ruinen.

Bryce Canyon National Park

Karte: Seite 112/113, Planquadrat E 6. Armeen schlanker Felsensäulen, »hoodoos«, in orangerot leuchtenden Canyons: Der Bryce Canyon National Park zählt zu den schönsten der USA. Er erstreckt sich über 145 qkm und wurde 1928 gegründet.

Unterkunft: Im Park liegt die Anfang der 1920er-Jahre eröffnete »Bryce Canyon Lodge« (Tel. 435/834-5361, Fax 338-2045; www.brycecanyonlodge.com). Kurz vor dem Parkeingang bietet der »Be Western Ruby's Inn« (Tel. 435/834-534 Fax 834-5265; www.rubysinn.com) 37 Zimmer. Zwei Campingplätze im Park.

Sehenswürdigkeiten und Aktivitäten Einen ersten Eindruck vermittelt der 29 km lange »scenic drive« entlang der Canyon Kante. Eine Alternative zum Auto ist da parkeigene Shuttle. Vielerorts zweige Zubringer auf Parkplätze ab, von wo au kurze Trails zu den Aussichtspunkte führen. Spektakuläre Panoramen biete Bryce Point mit Blick auf das Bryc Amphitheater und Agua Canyon Over look. Schmale Pfade führen von der Kan te hinab zu den »hoodoos«.

Information: Bryce Canyon National Par (Tel. 435/834-5322, www.nps.gov/brca).

Canyonlands National Park

Karte: Seite 112/113, Planquadrat D 7. Tiefe Canyons, weitläufige Mesas un der durch diese raue Kulis se mäandernde Colora do charakterisieren diese 1365 qkm großen Natio nalpark, der erst 1964 ge gründet wurde.

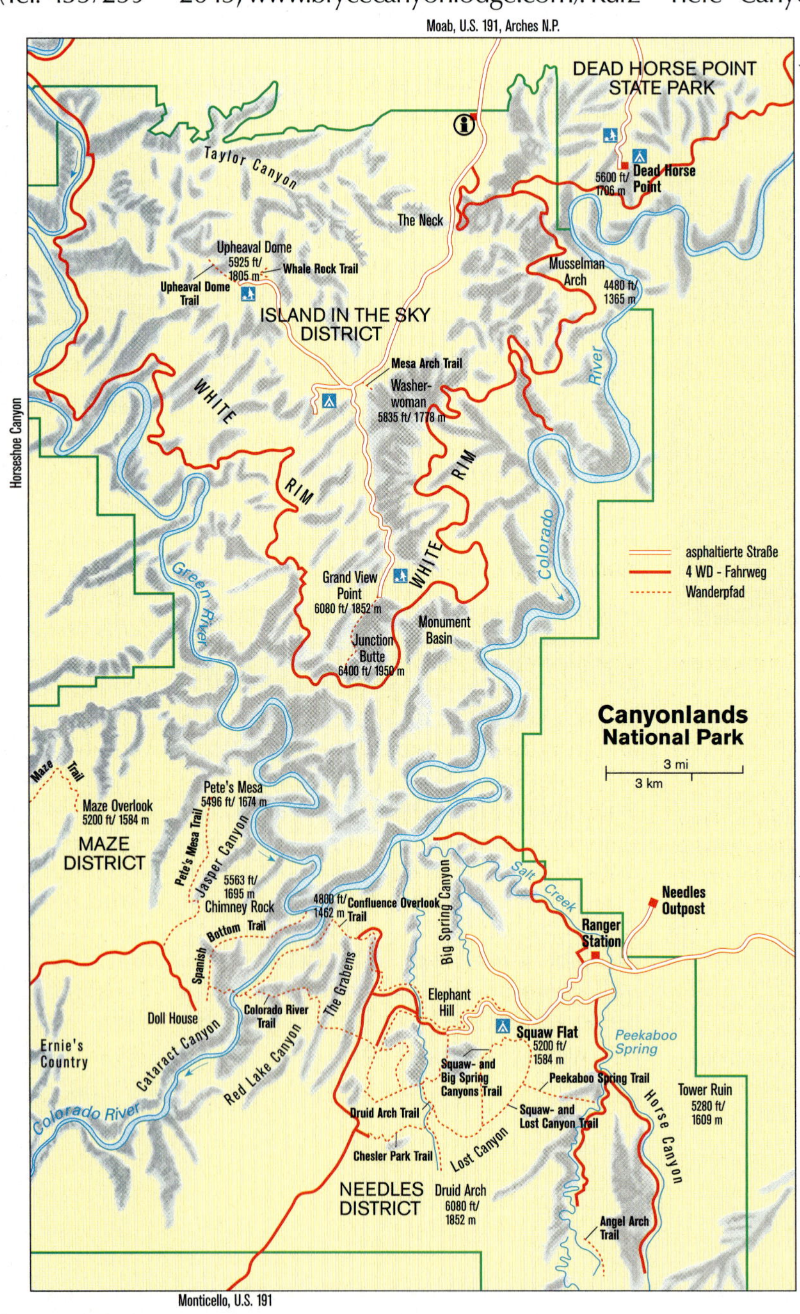

Unterkunft: Im Island i the Sky District und in Needles District jewei ein Campingplatz. Ansons ten in Moab (siehe dort).

Aktivitäten: Etliche War derwege. Im gut erschlos senen Island in the Sk District führen kurze, o steile Pfade zu spek takulären Ausblicken wi Upheaval Dome Ove look und Grand View. Ir fast baumlosen Needle District führt der Slickroc Foot Trail zu herrliche Blicken über die Canyon lands.
Mountainbiker und Al rad-Fans teilen sich eigen Pisten. Ein Leckerbisse für sie ist die 160 km lar ge White Rim Road durc den Island-in-the-Sky-Sel tor. Selbst mit 4WD daue dieser Trip 2–3 Tag Übernachtet wird auf eir

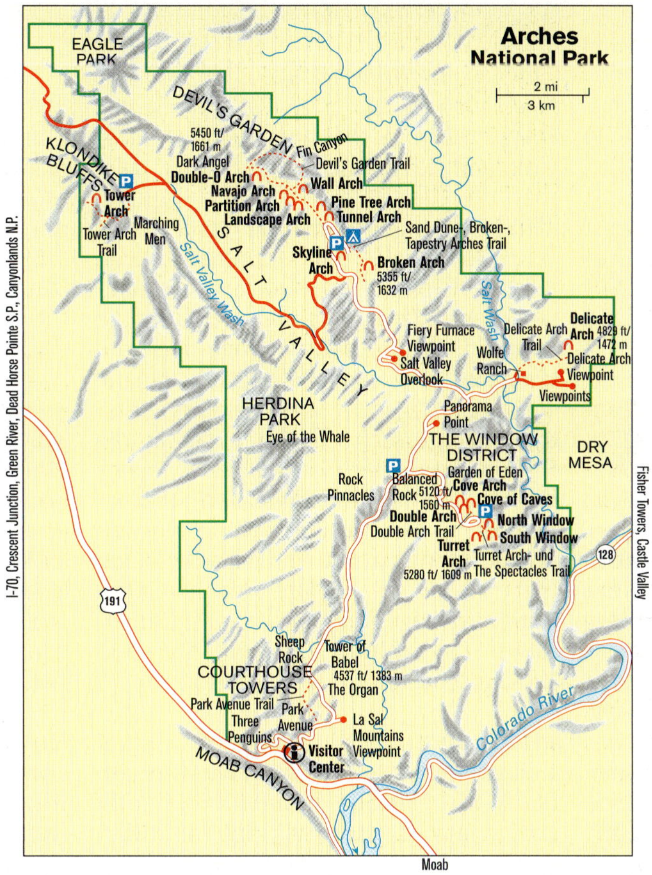

ıchen Campingplätzen. Das Ausıaß dieses Nationalparks erennt man am besten bei einem instündigen Sightseeing-Flug mit edtail Aviation (Moab, Tel. 435/ 59-7421).

)ead Horse Point State Park 'el. 435/259-2614): Dieser State ark liegt nordöstlich des Natioalparks. Die Aussichtsterrassen eim Visitor Center bieten tolle licke auf den 600 m tiefer in Goosenecks« durch die Canyonınds fließenden Colorado.

ıformation: Canyonlands Naonal Park (allg. Infos Tel. 435/719-313, www.nps.gov/cany). Island in ıe Sky District (Tel. 435/259-712). Needles District (Tel. 435/ 59-4711). Maze District (Tel. 435/ 59-2652).

Capitol Reef N.P.

:arte: Seite 112/113, Planquadrat D 6. 72 qkm großer Nationalpark, der 1971 egründet wurde.

Jnterkunft: Drei Campingplätze. Im ahen Torrey gibt es Motels und gemütche Lodges, u. a. das rustikale »Chuck Vagon Motel« (12 Main St., Tel. 435-425-335, Fax 425-3434; www.austinschuckvagonmotel.com).

ehenswürdigkeiten: Beim Visitor Center kann man die Reste der Mormoen-Siedlung Fruita besichtigen, u. a. die chule und Gifford Farmhouse, ein für 900 typisches Farmgebäude. Die Beichtigung der prähistorischen Felsenıalereien ist eine schöne Nachmittagsınternehmung. Da man viele Kunstwere nur aus einiger Entfernung betrachten larf, sollte man ein Fernglas mitnehmen.

ktivitäten: Die Fahrt auf der 40 km lanen »scenic road« vermittelt einen ersten Jberblick. Hier liegen zahlreiche Trailıeads mit Wanderwegen in das Hinterınd. Empfehlenswert: der Capitol Gorge 'rail (3,6 km), der steile Cassidy Arch Trail ,6 km) und Grand Wash, eine grandios nge Schlucht, die bei Unwetter von turzbächen heimgesucht wird.

nformation: Capitol Reef National Park 'el. 435/425-3791, www.nps.gov/care).

Grand Staircase-Escalante

Karte: Seite 112/113, Planquadrat E 6. Dieses entlegene, etwa 700 qkm große Wildnisgebiet ist das am wenigsten erschlossene Schutzgebiet der USA.

Unterkunft: Zwei Campingplätze. Die kleine Rancher Town Boulder bietet mit der schönen »Boulder Mountain Lodge« (Tel. 435/ 335-7460, www.boulderutah.com) unerwarteten Luxus.

Aktivitäten: Derzeit ist der von der Calf Creek Recreation Area ausgehende, 9 km lange Weg zu den Lower Calf Creek Falls der einzige ausgeschilderte Wanderweg. Daneben gibt es unzählige Pfade, für die man allerdings die Spezialkarten vom BML (Bureau of Land Management, s. u.) benötigt. Kondition und Wildniserfahrung braucht, wer auf eigene Faust in das Innere dieses Parks vorstoßen will; Packpferde sind ebenfalls sehr hilfreich. Man sollte sich daher einem erfahrenen Ausrüster anvertrauen. Von der »Boulder Mountain Ranch« (bei Boulder, Tel. 435/335-7480, www.boulderutah.com/bmr) werden geführte Packtrips ins Innere organisiert.

Information: Escalante Interagency Office (755 W. Main St., Escalante, Tel. 435/826-5499). Bureau of Land Management in Kanab (318 N. First East St., Tel. 435/644-2672).

Moab

Karte: S. 112/113, Planquadrat D 7.

Unterkunft: Die meisten Unterkünfte bedienen junge Mountainbiker. Empfehlenswert: das »Red Stone Inn« (535 Main St., Tel. 435/259-3500; www.ut-biz.com/redstoneinn) mit seinen holzvertäfelten Zimmern. In den Nationalparks Arches und Canyonlands gibt es Campingplätze. Südlich von Moab bietet die an den Hängen der La Sal Mountains liegende »Pack Creek Ranch« (Tel. 435/259-5505, Fax 259-8879, www.packcreekranch.com, Pool, Restaurant) stilechte Unterkunft. Nördlich von Moab steht das neue »Sorrel River Ranch Resort«

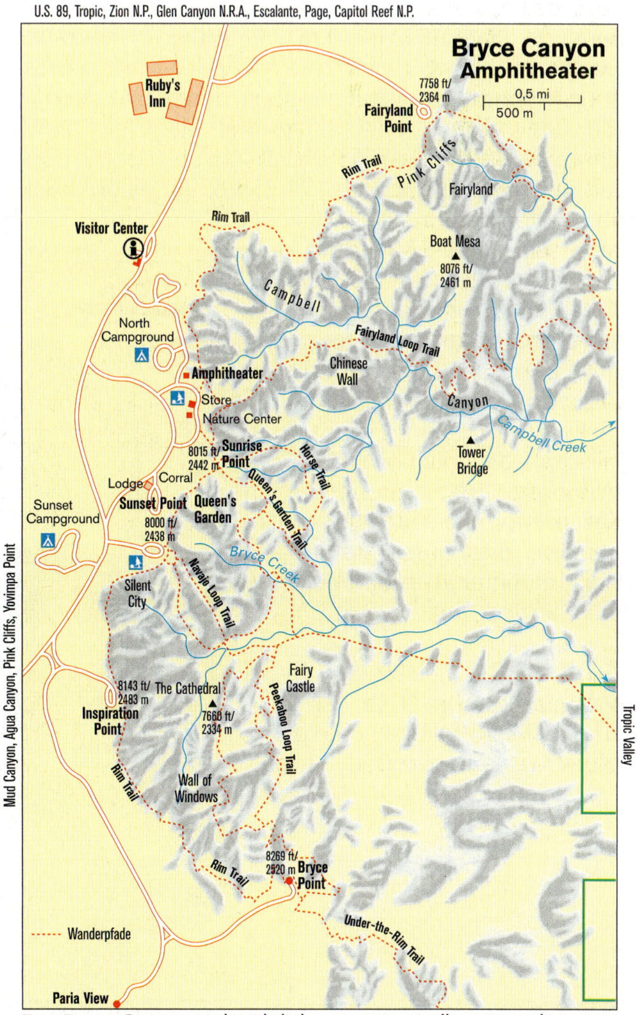

Der Bryce Canyon zieht jährlich etwa eine Million Besucher an

(SR-128, Tel. 435/ 259-4642, www.sorrel-river.com) für luxuriöses Schlafen in Ranch-Atmosphäre.

Essen und Trinken: Gute Southwest Cuisine gibt es in »Buck's Grill House« (1393 N. Hwy. 191, Tel. 435/259-5201) und im »Grand Old Ranch House« (1266 N. Hwy. 191, Tel. 435/259-5753).

Sehenswürdigkeiten: Das Dan O'Laurie Museum (118 E. Center, Tel. 435/259-7985, Mo–Sa 13–20 Uhr) ist ein guter Einstieg und vermittelt einen Einblick in die Natur- und Kulturgeschichte der Region. Zu sehen sind u. a. indianische Artefakte, Saurierfossilien und Mineralien. Mit der Broschüre »Moab Area Historic Walking Tour« erforscht man Moab auf eigene Faust. Die Arches Vineyards (420 Kane Creek, Tel. 435/259-5397, Mo–Do 11–19, Fr–Sa 11–21), das einzige Weingut des Mormonenstaates, veranstalten Weinproben. Das Canyon Country von oben sieht man mit dem Moab Skyway (985 W. Kane Creek, Tel. 435/259-7799).

Aktivitäten, Veranstalter: Mountainbiking, Hiking, Four Wheeling. Zwei- und vierrädrige Untersätze können bei Ausrüstern an der Main Street gemietet werden (u. a. Moab Cyclery, 391 South Main Street, Tel. 435/259-7423; Dreamrides, 600 N. Main St., Tel. 435/259-6419, www.mountainbiketours.com; Cheap Jeep Tours, N. Hwy. 191, Tel. 435/259-3906). Ein Moab-Klassiker sind die »Jeep-Jet-Tours«: vormittags allradgetrieben durch die Canyonlands, nachmittags mit Jetboat auf dem Colorado (Adrift Adventures, 378 N. Main St., Tel. 435/259-8594, www.adrift.net). In die Luft gehen kann man mit Arches & Classic Helicopter Services (378 N. Main St., Tel. 435/259-4637). Raftingtrips auf dem Colorado River bucht man bei Tag-A-Long Expeditions (452 N. Main St., Tel. 435/259-8946, www.tagalong.com).
Hiking, Mountainbiking, Four Wheeling, Auto-Touren: Die im Moab Information Center ausliegenden Broschüren listen alle Trails, darunter auch den berühmten Slickrock Trail.

Ausflug: Die vierstündige La Sal Mountain Loop Tour ist eine 100 km lange Traumstrecke durch alle Vegetationszonen Utahs. Nördlich von Moab zweigt der »Scenic Byway 128« in die enge Schlucht des Colorado River ab. Etwas später folgt man der Castle Valley Rd. in das grüne, allmählich enger werdende Castle Valley zu Füßen der La Sal Mountains, deren höchste Gipfel über 3700 m hoch aufragen. Nach 17 km biegt man rechts auf die Loop Rd. ab und steigt in engen Serpentinen in eine alpine Bergwelt hinauf. Traumhaft liegende Aussichtspunkte bieten unvergessliche Blicke hinab in die Felsenwüsten der Nationalparks Arches und Canyonlands. Hinter dem Warner Lake geht es durch den Mill Creek Canyon wieder abwärts. Südlich von Moab trifft sie auf die US-191. Die in einem Waldhain liegende »Pack Creek Ranch« (siehe »Unterkunft«) am Ende der Loop Road ist ein schöner Dinner-Stopp.

Information: Grand County Travel Council (Tel. 435/259-8825, www.moabutah.com). Moab Information Center (Main und Center Sts., Tel. 435/259-8825).

Monticello

Karte: Seite 112/113, Planquadrat D 7.
1800-Einwohner-Städtchen 22 km südlich von Moab. Basis für Trips in den Needles District des Canyonlands National Park.

Unterkunft/Restaurant: Hotels und Motels; verlässliche Qualität bietet der »Best Western Wayside Inn« (US-666 u. US-191, Tel. 435/587-2261; www.bestwestern.com). Bisonsteaks serviert das »MD Ranch Cookhouse« (380 S. Main St., Tel. 435/587-3222).

Sehenswürdigkeiten: Eine gute Ein-führung in die Welt der Anasazi biet das Monticello Museum (80 N. Main S Mo–Do 14–21, Fr 14–18, Sa 10–14 Uh mit Artefakten aus der Umgebung.

Information: San Juan County Trav Council (Tel. 435/587-3235).

Zion National Park

Karte: Seite 112/113, Planquadrat E 5.
Noch ein Kronjuwel: Kolossale, in alle Rottönen schimmernde Felswände, en ge Canyons mit hängenden Gärten vo ler Wildblumen und Höhenunterschied bis zu 2000 m machen diesen 593 qkı großen und 1919 gegründeten Nationa park zu einem der schönsten und vie seitigsten der USA.

Unterkunft: Die einzige Herberge im Na tionalpark ist die traditionsreiche »Zio Lodge« (Tel. 435/772-3213, Fax 772-200 www.zionlodge.com). Daneben gibt e ein paar schöne Campingplätze. Am Süd eingang liegt, von Felswänden eingeke selt, der hübsche Ort Springdale m zahlreichen Hotels, Inns und Motels.

Sehenswürdigkeiten: Der Zion Natio nal Park besteht aus zwei Sektoren, der oft überlaufenen Zion Canyon und der weniger besuchten Kolob Canyon in de Nordwestecke.
Durch den Zion Canyon führt der »Sce nic Drive«. In der Vergangenheit hof nungslos verstopft, verkehren hier se 2000 nur noch Shuttles. Alle Stopps loh nen das Aussteigen, v. a. die fotogene Emerald Pools (zu denen ein geteerte Spazierweg führt) und der Temple c Sinawava, ein gigantischer Mono lith am Ende des Canyons.
Die Kolob Canyons Road dage gen bietet 8 km unbeschwert Autofahrt zu fantastischen Au sichtspunkten. Der Lee Pass i Ausgangspunkt für Wanderunge in die geheimen Canyons des L Verkin Creek.

Aktivitäten: Hiking der Extrakla se. Ein Dutzend leichter bis mitte schwerer Trails führt von Trai heads entlang dem »Scenic Drive zu Wasserfällen und Lookouts.

Information: Zion N.P. (Tel. 435 772-3256, www.nps.gov/zion).

Mehr als zwei Millionen Menschen besuchen alljährlich Zion

Trockenheit herrscht im Capitol Reef National Park

Canyonlands National Park: Vogelperspektive vom Dead Horse Point Overlook

Arches National Park: Die Park Avenue führt über ein riesiges »Nadelkissen«

Fruita School House im Capitol Reef N.P.

Der Bryce Canyon gehört – nach geologischen Maßstäben – zu den jüngsten Gesteinsformationen des Südwestens. Seine Entstehungsgeschichte reicht »nur« etwa 65 Millionen Jahre zurück. Die Farbenpracht der Felsen ist eine Folge fortschreitender Oxidation der in ihnen enthaltenen eisen- und manganhaltigen mineralischen Verbindungen. Die Paiute-Indianer nannten die skurrilen Skulpturen »hoodoos«, menschliche, zu Stein erstarrte Bösewichte.

Rot schimmernder Skulpturengarten im Bryce Canyon National Park

Wilder Westen und altes Indianerland

Gr. Foto: Cliff Palace im Mesa Verde National Park. Kl. Foto: Ute Tribal Dancers in Cortez.

Vom Rest des Bundesstaats durch die San Juan Mountains getrennt, ist die Südwestecke Colorados ein Landstrich mit eigenem Charakter. Die Anasazi-Indianer haben hier ihre schönsten Felsendörfer errichtet, von denen einige im Mesa Verde National Park unter Schutz stehen. Der Silberboom des späten 19. Jahrhunderts durchlöcherte die San Juan Range und hinterließ zahlreiche Boomtowns, deren Wildwest-Atmosphäre erst jüngst vom Tourismus entdeckt wurde.

Am Horizont erhebt sich bis zu 700 Metern über der Ebene ein Plateau. Glatte Felswände signalisieren Unzugänglichkeit, doch Gott sei Dank gibt es eine Straße. In engen Serpentinen geht es hinauf, haarscharf am Abgrund entlang, manchmal durch freigesprengte Passagen, und hin und wieder schweift der Blick über das Montezuma Valley zu den schneebedeckten San Juan Mountains.

Das Plateau in der Südwestecke Colorados heißt Mesa Verde: »Grüner Tisch« nannten es die Spanier wegen seiner ebenen, dicht bewachsenen Oberfläche. Hier haben Menschen vor Jahrhunderten in den tief ins Plateau schneidenden Canyons hochinteressante Spuren hinterlassen.

Mesa Verde – mehr Fragen als Antworten. Wie sich die Menschen, die einst dort lebten, selbst nannten, ist in Vergessenheit geraten. Heutige Namen sind Verlegenheitslösungen: »Ancestral Puebloans« heißen sie bei den Historikern, »Old Ones« bei den Ute und Hopi. Für die Navajo sind sie »Anasazi«. Dieser klangvolle Name ist der populärste, auch wenn er wenig schmeichelhaft »alte Feinde« bedeutet.

Anasazi-Töpferei im Chapin Mesa Museum

Die Anasazi siedelten 700 Jahre lang auf dem Plateau. 4000 Ruinen, darunter etwa 600 Fels-Wohnungen, haben sie hinterlassen. Die »pit houses«, in die Erde gegrabene und mit Steinwänden gestützte Behausungen auf dem Plateau, datieren zwischen 500 und 750 n. Chr. Bis 1100 n. Chr. perfektionierten sie ihre Baukunst mit mehrstöckigen Steinhäusern, den Pueblos, und runden, für rituelle Zwecke benutzten Zeremonienräumen, den so genannten Kivas. Zwischen 1100 und 1300 n. Chr. stand ihre Kultur in höchster Blüte.

Das Balcony House hatte 40 Räume

Im Cliff Palace lebten einst über 200 Indianer (unten)

Im Ute Tribal Park wurden die Anasazi-Ruinen nicht »aufgeräumt« (unten)

Auch wenn die Hochkultur der Anasazi noch immer viele Rätsel bereithält, über eines sind sich die Archäologen einig: Auch nach fast hundert Jahren intensiver Suche hat man längst noch nicht alle Felsendörfer dieser prähistorischen Indianer gefunden. Waren es damals Cowboys auf der Suche nach verlorenen Rindern, die zufällig auf halb verfallene Ruinen stießen, sind es heute spezialisierte Archäologen mit Hightech, die in isolierten Tälern und vergessenen Canyons nach den Spuren dieses Volkes suchen, das am Ende des 13. Jahrhunderts vom Colorado-Plateau für immer verschwand.

Balcony House: Viele der Felsenwohnungen sind nur per Leiter erreichbar

Um 1200 zogen sie hinab in die Canyons und bauten die weltberühmten Fels-Wohnungen. Über die Gründe für diesen scheinbar sinnlosen Umzug weg von den Gärten ist viel spekuliert worden. Auch die Gründe für den Exodus 100 Jahre später sind unbekannt: Um 1300 gaben die Anasazi auch ihre Fels-Wohnungen auf und zogen, so wissen es zumindest die Hopi, nach Süden, wo sie in der Pueblo-Kultur aufgingen.

Mesa Verde: der Nationalpark der Anasazi-Kultur

1906 wurde der Mesa Verde National Park gegründet. Die wichtigsten Ruinen wurden seitdem vermessen, restauriert und zugänglich gemacht. Auf Treppen und Stiegen geht es von den Felskanten hinab in die Anasazi-Zeit, zu vielstöckigen und verschachtelten Sandstein-Apartments mit winzigen Räumen, und dann auf Leitern weiter ins Halbdunkel kreisrunder, geheimnisvoller Kivas, in denen einst Ahnen und Geister beschworen wurden.

Über den Ruinen: Dächer aus schierem Fels, Millionen Tonnen schwer und doch schwerelos wirkend. Die größte und wohl meistfotografierte Anlage ist »Cliff Palace« am Ende des Cliff Canyon, ein vierstöckiger, terrassenförmig angelegter Wohnkomplex mit 217 Zimmern, mit Türmen, Speichern und 23 Kivas.

Noch immer sind nicht alle Felswohnungen entdeckt

»Cliff Palace« wird oft für die größte Anasazi-Anlage gehalten – ein Irrtum, wie man im Crow Canyon Archeological Center im nahen Cortez weiß. Seit 1985 erforschen und vergleichen die hier arbeitenden Archäologen die Anasazi-Stätten der Four Corners. Danach waren gleich fünf Anasazi-Siedlungen außerhalb der Parkgrenzen noch größer.

Gegenüber den bienenstockartigen, allerdings schlecht erhaltenen Fels-Wohnungen im Yellowjacket Canyon nördlich von Cortez schrumpft »Cliff Palace« sogar zum Winzling: Yellowjacket Pueblo ist mit 27 Türmen, 600 Räumen und 192 Kivas die größte Ruine der Region. Zumindest vorerst: Noch größere, bislang unentdeckte Siedlungen werden durchaus für möglich gehalten.

Die Frage, warum die Anasazi von den Mesa-Oberflächen hinab in die Canyons

Cortez: Die traditionelle Kunst der Ute und Navajo steht hoch im Kurs

zogen – ein überall in den Four Corners registrierter Vorgang – und wenig später auch ihre Felswohnungen aufgaben, ist der Heilige Gral der Archäologie des Südwestens.

Der Kampf um Nahrung zerstörte die Anasazi-Gesellschaft

Die Wissenschaftler von Crow Canyon sind dem Geheimnis zumindest ein kleines Stück näher gerückt. Sie glauben, dass dramatische Nahrungsknappheit um 1200 n. Chr. die Anasazi-Gesellschaft in miteinander rivalisierende Gruppen spaltete. Unter dem Eindruck ständiger Fehden und Überfälle, bei denen es vor allem um Ressourcen ging, zogen sich Klans und Gruppen in die Canyons unterhalb ihrer Felder zurück, bauten dort die leicht zu verteidigenden Felsen-Siedlungen und begaben sich nur noch zum Feldbau auf die Mesas.

Cortez ist das Tor zum Mesa Verde National Park mit zahlreichen folkloristischen Veranstaltungen

Vergleichende Forschungen weisen auf das 13. Jahrhundert als ein äußerst kriegerisches hin, mit immer dickeren Mauern, höheren Wachtürmen und Skelettfunden, die nicht nur Unterernährung, sondern auch Kannibalismus vermuten lassen. Am Ende des 13. Jahrhunderts habe es für viele Gruppen keine Zukunft mehr auf dem Colorado-Plateau gegeben. Weiter südlich dagegen gab es neue Hoffnung und Raum für Siedlungen: Gründe genug, so glaubt man, für den Exodus in eine bessere Welt.

Lebendige Traditionen: tanzendes Ute-Mädchen

Das freundliche Städtchen Cortez ist der beste Ausgangspunkt für Trips zu den Anasazi-Ruinen der Umgebung. Besonders interessant ist neben dem Crow Canyon Archeological Center das Anasazi Heritage Center, ein »Hands-on«-Museum 16 Kilometer nördlich der Stadt, und Lowry Pueblo, eine aus dem 12. Jahrhundert stammende Ruinen-Siedlung 41 Kilometer nördlich.

Im Ute Mountain Tribal Park ließ man die Ruinen ruhen

Wer die Ruinen dieser Hochkultur jedoch ohne viel Trubel und dazu im unrestaurierten, nicht an den Bedürfnissen von Touristen orientierten Zustand studieren möchte, sollte einen Tag in dem an Mesa Verde angrenzenden Ute Mountain Tribal Park verbringen. Die Mountain Ute, die den Park von ihrem Zentrum Towaoc aus verwalten, haben die dortigen, nicht minder spektakulären Felsen-Siedlungen aus Respekt vor den Geistern der »Old Ones« nicht restauriert und auch Scherben und Knochen an ihren Fundorten belassen. Die Wirkung: mehr Abenteuer, weniger Disneyland.

Die Südwestecke Colorados ist eine Welt für sich. Das liegt an den zerklüfteten Viertausendern der San Juan Mountains, die diesen Zipfel vom Rest des Bundesstaats abschotten. Nach den Anasazi kamen die Navajo und Mountain Ute zum Jagen in das Montezuma Valley.

Ute Tribal Park: Ute Guides wissen mehr

Heute ist Cortez ein Zentrum innovativer Navajo Folk Art. Hölzerne Laster, die Hühner transportieren und selbst von einem Huhn gelenkt werden, und Themen aus der Navajo-Mythologie, geformt aus Holz, Papier und recycelten Abfällen: Hübsche kleine Galerien entlang der Main Street bieten die inzwischen in ganz Amerika populären, oft subversiven Objekte zum Verkauf.

Die Weißen hier schauen eher nach Utah und New Mexico als auf die Hauptstadt Denver hinter den Bergen. Ihre Vorfahren kamen erst spät im 19. Jahrhundert, vor allem als Rancher, daher die Begeisterung für Pferde: Selbst wer keine Ranch mehr betreibt, hält sich ein Pferd, zum Ausritt nach Feierabend, als Statussymbol oder als Dekoration.

Wie alle nordamerikanischen Indianer sind auch die Ute, einst kriegerische Todfeinde der benachbarten Navajo, heute sesshaft und betreiben einen bescheidenen Gartenbau und etwas Vieh- und Pferdezucht. Das Kunsthandwerk ist für viele junge Talente ein Weg zur finanziellen Unabhängigkeit. Ein anderer ist das neue Kasino bei Towaoc. Die Einnahmen aus dem Glücksspiel fließen in die Kassen des »Band Council«, der es unter anderem in Infrastrukturprojekte investiert. Auch die Ute sind in einem schwierigen Balanceakt: Sie suchen die Bindung an die Tradition und gleichzeitig einen Platz in der amerikanischen Gesellschaft von heute.

Cortez: Tanzwettbewerbe halten das Interesse an der alten Kultur wach

Selbst in Durango grasen Pferde in den Gärten. Die mit 12 500 Einwohnern größte Stadt der Region liegt in den Foothills und ist mit ihren viktorianischen Stadthäusern eine angenehme Basis für Trips in die San Juan Mountains. Die Hauptattraktion der Stadt führt aus ihr heraus und ist zugleich eine Zeitreise in 120 Jahre zurückliegende Pioniertage. 1880 als Eisenbahndepot gegründet, ist Durango noch immer der Schiene verpflichtet: Über 200 000 Passagiere transportiert die nostalgische, von einer Dampflok gezogene »Durango & Silverton Narrow Gauge Railroad« jeden Sommer ins tausend Meter höher gelegene Silverton und zurück.

Dort, im Schatten der San Juans, förderten Bergleute zwischen 1871 und 1918 Silber und Erz für 65 Millionen Dollar. Die Eisenbahn transportierte das Edelmetall zum Schmelzen nach Durango. Als der Bergbau in den sechziger Jahren aufgegeben wurde, schalteten die beiden Städtchen erfolgreich auf Tourismus um. Ihre Trumpfkarte: die Bahn, eine spektakuläre Tagestour durch hochalpine Wildnis, mit Schwindel erregenden Passagen und unvergesslichen Panoramen.

Die dramatische Bergkulisse bietet noch mehr. Geländewagen-Vermieter und Rafting-Veranstalter in Durango organisieren Trips auf 4WD-Trails und Wildwassertouren auf dem Animas River, der mit Stromschnellen der Klassen II bis V fast alle Schwierigkeitsgrade bietet.

Durango & Silverton Narrow Gauge Railroad

Schaffner in Uniform aus den 1880er-Jahren

Der Tourismus hat diese Bergwelt nach dem Ende des Bergbaus vor dem wirtschaftlichen Kollaps gerettet. Heute sind die San Juans eine Spielwiese für Outdoor-Fans. Der San Juan Skyway bringt sie zu ihren jeweiligen Biotopen. Die 377 Kilometer lange Panorama-Rundstrecke führt auf den SRs 550, 110, 62 und 145 zu alten Miner Camps, die in den siebziger Jahren in Skiresorts verwandelt wurden, und zu Bergdörfern, die, komplett unter Denkmalschutz gestellt, heute Ausgangspunkte für Offroad-Abenteurer, Mountainbiker, Hiker und im Winter natürlich für Skifans sind.

Erste Station auf dem San Juan Skyway: Silverton, die 3000 Meter hoch gelegene »mining town that never quit«. So nennen die 500 verbliebenen Bewohner ihren Ort, den man, auf Serpentinen abwärts kurvend, zuerst aus der Vogelperspektive erblickt. Blair Street, die breite Hauptstraße, dient Hollywood mit ihren von falschen Fassaden geschmückten Frontierhäusern als Wildwest-Kulisse. Von den Hunderten verlassener Minen ist eine Hand voll zu besichtigen, darunter die Old Hundred Gold Mine. In elektrisch betriebenen Loren geht es 500 Meter abwärts und durch spärlich beleuchtete Tunnel, wo alte Bergleute demonstrieren, wie man sich einst immer tiefer in das Gestein vorarbeitete.

Ouray: von der Bergbaustadt zum Outdoor-Reiseziel

Die nächste Station könnte in den Schweizer Alpen liegen. Ouray, 116 Kilometer nördlich von Durango und nach einem mächtigen Ute-Häuptling benannt, liegt in einem engen Tal und wirkt mit seinen Häusern, die schon mehr als ein Jahrhundert hinter sich haben, für amerikanische Verhältnisse richtig alt. Gold und Silber waren 1876 die Geburtshelfer, innerhalb von zehn Jahren buddelten 1200 Menschen in den Berghängen, entstanden Dutzende von Saloons, Bordellen und Hotels. Heute heißt das Zauberwort Outdoor, genauer gesagt: Wandern, u. a. zu den knapp 100 Meter hohen Box Canyon Falls, Mountainbiking und, einmal mehr, Four Wheeling.

Durango: Pause im Saloon des »Strater Hotel«

Silverton: Mainstreet der 1874 gegründeten Silberbergbausiedlung

Die Gegend um Telluride erkundet man am besten per Geländewagen

Der wichtigste Zeuge des Gold- und Silberbooms in den San Juan Mountains hat bis heute überlebt: Die Durango & Silverton Narrow Gauge Railroad. Von 1881 bis in die frühen 1960er-Jahre transportierte sie Edelmetall für 300 Millionen Dollar aus den Bergen um Silverton hinab nach Durango. Heute zieht eine historische Tender-Lokomotive ihre gelben Waggons für Touristen ins 1000 Meter höher gelegene Silverton.

Jedoch ist Telluride das Gravitationszentrum von Outdoorfreaks und Wintersportlern. Das auf drei Seiten von den Giganten der Uncompahgre Range eingeschlossene 1300-Seelen-Nest ist ein Hangout der Jugendkultur. 1889 raubte Butch Cassidy hier seine erste Bank aus, und auch danach erlebte die Main Street

Verlassene Mine in den Rockies bei Telluride

so viele Gunfights, dass Namensforscher den Stadtnamen allen Ernstes auf die Verballhornung von »to hell you ride« zurückführen.

Seit Anfang der siebziger Jahre ist Telluride das Mekka der Skifahrer und Snowboarder, mit einem eigens über dem Ort erbauten Ski-Resort, dem »Mountain Village«, und vielen Ausrüstern und Pisten-Restaurants. Ein Drittel der Pisten sind nur für wahre Könner – und die »Ski-Bums«, das ist die hiesige Version der kalifornischen Surfer, die das Leben auf den Brettern zur Kunstform erhoben haben. Sie leben in rostigen Trailern, jobben nur, um das Geld für die Liftkarten zu verdienen und laufen ansonsten Ski. Tag und Nacht. Manche ein Leben lang.

Cortez

Karte: Seite 112/113, Planquadrat E 8.

Unterkunft: An der Main Street gibt es viele Hotels und Motels. Eine gute Basis für Unternehmungen in der Umgebung ist das »Best Western Turquoise Inn & Suites« (536 E. Main St., Tel. 970/565-3778; cortezbestwestern.com).

Sehenswürdigkeiten: Über die Anasazi informiert das Crow Canyon Archeological Center (23390 Road K, Tel. 970/565-8975, www.crowcanyon.org). In der Galerie »Folk Art of the Four Corners« (343 W. Main St., Tel. 970/565-7916, www.navajofolkart.com, Mo–Sa 8.30–20.30 Uhr) bieten Navajo-Künstler ihre Werke an.

Ute Mountain Tribal Park: Der Tribal Park gehört zur Mountain Ute Indian Reservation und wurde gegründet, um das Erbe der Anasazi-Kultur zu schützen. Alles wurde im Originalzustand belassen. Die Anfahrt erfolgt auf Staubpisten, zu den Felsenwohnungen geht es auf primitiven Pfaden. Das Ergebnis ist eine spannende, von Ute-Guides geleitete Zeitreise. Die halb- und ganztägigen Touren beginnen beim Ute Mountain Museum and Visitor Center in Towaoc (US-160 u. US-666) und müssen im Voraus gebucht werden. **Information:** Ute Mountain Tribal Park (Tel. 970/565-3751, ext. -282).

Information: Cortez Area Chamber of Commerce (Tel. 970/565-3414).

Durango

Karte: Seite 112/113, Planquadrat E 8.

Unterkunft: Moderne Motels an der Peripherie, im Zentrum viktorianische Traditionshotels, wie das rotziegelige »Strater Hotel« (699 Main Ave., Tel. 970/247-4431, www.strater.com) und das mit Originalmobiliar ausgestattete »Rochester Hotel« (726 E. Second Ave., Tel. 970/385-1920, www.creativelinks.com/rochester).

Sehenswürdigkeiten: Mit der »Durango Walking Tour«-Broschüre des Visitor Center (an der Kreuzung der US-160 und US-550) lohnt sich die Erkundung der von viktorianischer Ziegelsteinarchitektur gesäumten Main Avenue. Am unteren Ende der Main Avenue wartet die täglich verkehrende »Durango & Silverton Narrow Gauge Railroad« (479 Main Ave., Tel. 970/247-2733, www.durango.com/train) auf Passagiere.

REISE-INFO *SÜDWEST-COLORADO*

Aktivitäten: Hiking, Mountainbiking, River Rafting. Nähere Informationen zu den Hiking Trails um Durango erhält man im Bureau of Land Management BLM (701 Camino del Rio, Tel. 970/247-4082). Durangos Lage zwischen Mittel- und Hochgebirge zieht Tausende von Mountainbikern an. Das BLM hält Trailkarten bereit, Southwest Adventures (12th St. u. Camino del Rio, Tel. 970/259-0370) vermietet Bikes und organisiert geführte Touren. Anbieter von Rafting-Touren: z. B. Durango Rivertrippers (Tel. 970/259-0289, www.durangorivertrippers.com).

Ausflug nach Silverton: Die »Old Hundred Gold Mine Tour« (Tel. 970/387-5444, Mai–Okt. tgl. 10–16 Uhr) bringt Besucher zur Mine »Old Hundred«. Silver Summit Jeep Rentals (Tel. 970/387-0240) vermietet 4WDs und organisiert mehrtägige Trips.

Information: Durango Area Chamber Resort Asc. (111, South Camino del Rio, P. O. Box 2587, Durango, CO 831302, Tel. 970/247-0312, www.durango.org).

Mesa Verde National Park

Karte: Seite 112/113, Planquadrat E 8.

Unterkunft: Im Park liegt die schöne »Far View Lodge« (April–Okt., Tel. 970/529-4421, www.visitmesaverde.com) mit Restaurant. 6 km hinter dem Parkeingang befindet sich ein Campingplatz.

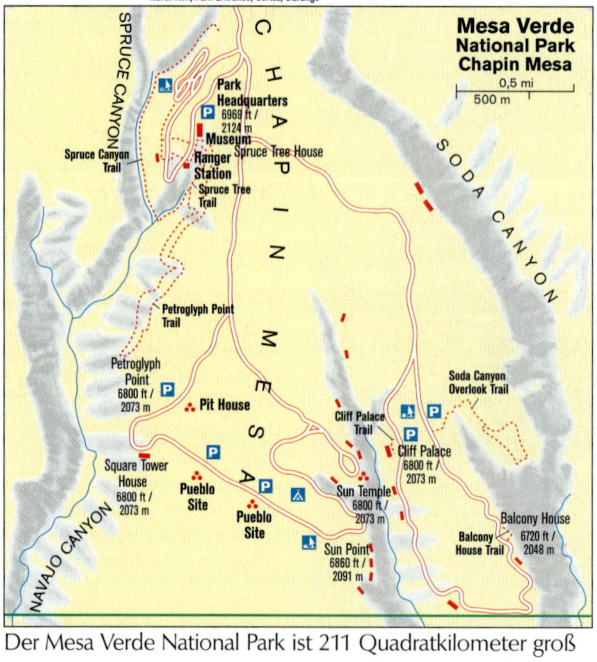

Der Mesa Verde National Park ist 211 Quadratkilometer groß

Sehenswürdigkeiten: Die Ruinen von Mesa Verde konzentrieren sich an der Südkante der Mesa. Die 20 km lange Mesa Top Road verbindet die sehenswerten Stätten miteinander. Manche Ruinen können nur auf geführten Touren besichtigt werden; die Tickets gibt es im Far View Visitor Center. In der nahebei liegenden »Far View Lodge« (s. o.) vermittelt die Multimedia-Show »Anasazi« einen Überblick über den Park (Ende April–Mitte Okt., 18.30–21.30 Uhr).
Cliff Palace (Mai–Labor Day, Touren alle 30 Minuten, tgl. 9–18 Uhr) liegt im Cliff Canyon. Balcony House (Mai–Labor Day, s. o.) liegt im Soda Canyon und ist nur über eine steile Leiter erreichbar.
Die besterhaltene Ruine ist Spruce House im Spruce Tree Canyon. Sie kann auf eigene Faust erforscht werden (April bis Okt., tgl. 9–18.30 Uhr). Das hier liegende Chapin Mesa Museum (Tel. 970/533-7731, April–Okt., tgl. 8–18.30, sonst 8 bis 17 Uhr) erklärt die historischen Zusammenhänge.

Information: Mesa Verde National Park (Tel. 970/529-4465, www.nps.gov/meve).

Telluride

Karte: Seite 112/113, Planquadrat D 8.

Unterkunft: Herbergen aller Art. Via Internet suchen und buchen kann man mit dem Telluride Visitor Guide Online (www.telluride.com) oder telefonisch bei Telluride Visitor Services (Tel. 888/355-8743).

Sehenswürdigkeiten: Die im Telluride Visitor Guide beschriebene »walking tour« durch die »Altstadt« ermöglicht einen ersten Eindruck (beim Visitor Service). Nicht entgehen lassen sollte man sich das historische »New Sheridan Hotel« und das Sheridan Opera House, nostalgische Erinnerungen an Tellurides Flegeljahre.

Aktivitäten: Im Winter Ski alpin und Snowboarding. Telluride verfügt über einen der besten Snowboarding Parks in Colorado. Heli-Skiing wird ebenfalls angeboten. Im Sommer Wandern, Mountainbiking, Reiten und Four Wheeling.

Information: Visitor Service, 666 W. Colorado Ave., Telluride, CO 81435, Tel. 1-800/524-3455.

Unterwegs auf dem San Juan Skyway: Wo einst Glücksritter zu Tausenden in die Berge strömten, herrscht heute wieder Ruhe

Einsames Anasazi-Monument in der High Sierra

Telluride: In den windschiefen Hütten wohnten früher Bergleute

Silverton: Old Hundred Gold Mine unter Tage

In der Region Silverton und Telluride gibt es Hunderte von verlassenen Gold- und Silberminen sowie zahlreiche Ghost Towns. In die Old Hundred Gold Mine kann man sogar mit einer Grubenbahn einfahren. Die letzte Silbermine, die Sunnyside Mine, stellte erst 1991 ihren Betrieb ein. Inzwischen lebt man hier ganz gut von der Historie und vom Tourismus.

Silverton: Die Stadtkapelle sorgt auf der Blair Street für Unterhaltung

Der Kampf ums kostbare Nass

Wasser

Im ersten Stock des Las-Vegas-Megahotels »Venetian« lenken amerikanische Gondolieri, italienische Arien schmetternd, japanische Touristen durch künstliche Kanäle. Draußen auf dem Las Vegas Boulevard ergötzt sich das Publikum im Vorbeigehen an den 35 Millionen Dollar teuren Wasserspielen des »Bellagio«. Drinnen geht währenddessen die 70 Millionen Dollar teure, avantgardistische Show »O« über die eigens konstruierte Bühne. »O« wie »Eau«, französisch für »Wasser« – Wasser ist auch hier der Hauptdarsteller.

Las Vegas ist die Welthauptstadt des Vergnügens. Ägypten, Nordafrika, Paris, Venedig, Monte Carlo, New York und demnächst auch San Francisco – Las Vegas hat die halbe Welt nachgebaut, allerdings ohne ihre Schattenseiten. Mehr als 30 Millionen Menschen kommen jedes Jahr, um sich das Glitzerding in der Wüste anzusehen und insgesamt 25 Milliarden Dollar auszugeben. Spaß ist Big Business, und kein Effekt zu teuer, um noch mehr Touristen anzulocken. Dass nicht die über 300 Millionen Dollar teure Kunstsammlung im »Bellagio« oder die marmorausgelegte Lobby im »Venetian«, sondern das überall spritzende, rauschende und emporschießende Wasser Las Vegas' wertvollstes Gut ist, ahnen die wenigsten.

Zu Beginn des dritten Jahrtausends mehren sich nun die Anzeichen, dass dem gesamten Südwesten – Kalifornien, Nevada, Utah, Arizona, New Mexico – langsam, aber sicher das Wasser ausgeht. Die riesigen Reservoirs und über 400 Kilometer lange Aquädukte und Pipelines, Wunderwerke der Technik, an denen die Metropolen Süd-Kaliforniens und des Südwestens schon jetzt wie am Tropf hängen, werden bald nicht mehr ausreichen, um die boomenden Ballungsgebiete mit Wasser zu versorgen.

Prominentestes Opfer der durstigen Metropolen ist der Mono Lake an der Ostflanke der Sierra Nevada. Seit den 1940er-Jahren hat sich der Wasserspiegel dieses wegen seiner skurrilen Tuff-Formationen weltberühmten Sees um 15 Meter gesenkt. Seit eben dieser Zeit leitet das Los Angeles Department of Water and Power die Zuflüsse des Sees nach Los Angeles um. Um den See als wichtigen Rastplatz für Zugvögel zu erhalten, haben Umweltschützer nun durchgesetzt, dass weniger Wasser nach L.A. umgeleitet werden soll. Zudem wurde der Mono Lake zur »Scenic Area« erklärt, um seine bedrohte Ökologie zu schützen. Trotzdem sinkt der Wasserspiegel immer weiter. Sollte den Umweltschützern vor Gericht kein Durchbruch gelingen, wird, so sagen Experten, der Mono Lake in 15 Jahren ausgetrocknet sein.

Die Wüstenmetropole Las Vegas ficht das nicht an: Ihre Einwohner sind mit 1145 Litern pro Nase und Tag (Deutschland: 130 Liter) die größten Wasserverschwender der Nation. Jedes Haus hat einen Swimming Pool, künstlich bewässerte Rasenflächen sind der Stolz jedes Hausbesitzers. Seit einigen Jahren ist Las Vegas auch ein beliebtes Golf-Ziel: Die Greens gehören zu den besten im Westen. Der Rubel rollt in Vegas. Wer da Mäßigung anmahnt, gilt als Spielverderber.

Golfplatz mitten in der Wüste: Die Greens nahe Las Vegas gehören zu den besten der Region

Vor allem den Machern hinter den märchenhaften Kulissen darf man mit dem Wasserproblem nicht kommen. Sie parieren kritische Worte gern mit der Geschichte von dem famosen Zeitungsartikel aus dem Jahr 1955. Darin hatte es schon damals geheißen, Las Vegas werde in den nächsten fünf Jahren das Wasser ausgehen. Und verweisen auf die Wasserrechte, die Las Vegas Wasser garantieren, und auf die ausgeklügelten Sparprogramme und Wiederaufbereitungstech-

Riesig ist der Pool des »Mandalay Bay« in Vegas

niken, mit denen die Mega-Resorts ihren Höhenflug fortzusetzen gedenken.

Genauer betrachtet, könnte das Gebaren der Resort-Konsortien ebenso gut auch mit »Nach uns die Sintflut« umschrieben werden. Tatsächlich sind die Wasserrechte seit 1922 unter sieben Staaten geregelt. Seitdem entnehmen Wyoming, Nevada, Kalifornien, Utah, Arizona, Colorado und New Mexico dem 2400 Kilometer langen Colorado River und dem durch den Hoover Dam aufgestauten Lake Mead vertraglich zugesicherte Wassermengen. Aber die Quoten wurden vor 80 Jahren festgelegt, und seitdem ist nichts mehr so wie damals. Vor allem im Südwesten ist die Bevölkerung in atemberaubendem Tempo gewachsen. Die explodierenden Ballungsräume Südkaliforniens und Arizonas, vor allem Los Angeles, San Diego und Phoenix, schöp-

360 Meter lang ist der Canal Grande im »Venetian« in Las Vegas

fen ihre Quoten voll aus und streiten sich schon lange um das Colorado-Wasser. Die Gemeinden südlich der Grenze in Mexiko, wo der Strom in den Golf von Kalifornien mündet, erleben ihn schon längst nur noch als dünnes Rinnsal. 35 Milliarden Kubikmeter Wasser stauen sich hinter der gewaltigen, 221 Meter hohen Mauer des Hoover Dam. Dass dies einmal zu wenig sein könnte, hatten die Erbauer in den 1930er-Jahren nicht eingeplant. Fast 20 Millionen Menschen versorgt der Lake Mead heute mit Wasser. Und die Bevölkerungskurven zeigen steil nach oben. Inzwischen dreht Los Angeles in trockenen Monaten den Hahn für ein paar Stunden zu. Millionen Haushalte haben dann vorübergehend kein Wasser, und im Fernsehen laufen Spots zum Thema Wassersparen. Zweistellige Wachstumsraten und immer weniger vom kostbaren Nass: In den nächsten 20 Jahren, so prophezeien kritische Beobachter, wird sich der Konflikt zuspitzen. Keine andere Region der USA wächst nämlich so schnell wie der Südwesten.

Um zu verhindern, dass die gesamte Region in nicht allzu ferner Zukunft auf dem Trockenen sitzt, müssen neue Wege beschritten werden. Ein viel versprechendes Projekt der Southern Nevada Water Authority (SNWA) lautet »water surplus banking« (Wasserüberschuss-Speicherung). Beispielsweise führt nach schneereichen Wintern der Colorado River so viel Wasser, dass der Lake Mead überläuft und überschüssiges Wasser ungenutzt abfließt – eine Folge der bislang praktizierten »Use it or lose it«-Politik. Vor allem in den letzten fünf Jahren wurde ein Wasserüberschuss verzeichnet. »Water Banking« würde so aussehen: Überschüssiges Wasser aus dem Lake Mead würde in große Becken umgeleitet, um dort bis zum Grundwasserspiegel zu versickern. Unterwegs würde es Kiesschichten passieren und so auf natürliche Weise gefiltert. Dort bliebe es, bis es bei Bedarf wieder nach oben gepumpt würde.

Ein gewaltiger Damm staut in Page das Wasser des Colorado River zum Lake Powell auf

Die SNWA weiß, dass das Wasserproblem der Region damit nicht wirklich gelöst ist: »Water Banking« soll Zeit schaffen, um andere, längerfristige Lösungen auszuarbeiten. Im November 1999 gab Washington Nevada grünes Licht für »Water Banking« im Nachbarstaat Arizona. Danach soll Nevada künftig 1,2 Millionen »acre-feet« Wasser (ca. 1,5 Mrd. Kubikmeter) in Arizona speichern dürfen – ein acre-foot Wasser versorgt eine fünfköpfige Familie für ein Jahr. Arizona erhält im Gegenzug das Recht, dieses Wasser bei Bedarf zu nutzen, muss aber Nevada gegenüber die entnommene Menge mit Wasser aus dem durch Arizona fließenden Colorado ausgleichen. Dieses Verfahren erübrigt außerdem den Bau kostspieliger Pipelinesysteme zwischen beiden Bundesstaaten.

Die SNWA und ihre Schwesterorganisationen in den Nachbarstaaten haben nicht viel Zeit, um sich etwas Neues auszudenken. Höchstens noch 30 Jahre, so sind sich Experten einig, wird das Wasser reichen, falls der Bevölkerungsboom in Süd-Kalifornien und Phoenix unvermindert anhält und in Las Vegas der Rubel rollt. Dort bescheidet man sich vorläufig mit Appellen zum Wassersparen. Wer jedoch auf dem Las Vegas Boulevard durch die Glitzerstadt fährt, die verschwenderischen Wasserspiele bestaunt und von neuen, noch größeren, noch fantastischeren Projekten hört, der zweifelt am guten Willen der Vergnügungsindustrie. Diese kümmert es nicht, was in 30 Jahren ist. Interessanter sind der nächste Vierteljahresbericht und zweistellige Zuwächse. Viva Las Vegas – Get it while you can!

is zu 50 Meter hoch spritzen die Fontänen vor dem »Bellagio« in Vegas

How to survive Las Vegas

Glücksspiele

Neun von zehn Las-Vegas-Besuchern spielen, im Durchschnitt verliert jeder dabei 524 US-Dollar. Alles – vom flackernden Neonlicht über Gratis-Drinks und verführerische, tief dekolletierte Kellnerinnen bis hin zu »einmalig« preisgünstigen Übernachtungspreisen – ist darauf abgestellt, die Sinne der Besucher zu vernebeln und den Gästen den Griff zur Geldbörse zu erleichtern. Kasinos sind nüchtern kalkulierende, äußerst profitable Wirtschaftsunternehmen und ihre in Smokings gekleidete Croupiers auf Gewinn gedrillte Angestellte. Wer spielt und dabei an den Volltreffer glaubt, muss wissen, dass er sieben Jahrzehnte Marketingerfahrung gegen sich hat.

Kasinos sind Geldmaschinen. Sie gewinnen immer. Sie gewinnen sogar, wenn sie verlieren. Dafür sorgt der »house advantage« (Haus-Vorteil). Dieses Konzept wird von Blackjack bis Video Poker auf alle Glücksspiele angewandt. Erklären lässt es sich am besten am Roulette. Dessen Rad hat 36 Nummern, plus 0 und 00. Setzt man einen Dollar auf eine beliebige Zahl und diese Zahl gewinnt, wäre der korrekte Auszahlungsbetrag 36 US-Dollar (35 plus 1). Ausgezahlt werden jedoch nur 34 US-Dollar. Das Kasino behält zwei Dollar ein – der Hausvorteil beträgt damit 5,55 Prozent. Das bedeutet nicht, dass man nicht große Gewinne einfahren könnte: Glückssträhnen stellen, zumindest kurzfristig, die Statistik immer wieder auf den Kopf. Langfristig jedoch gewinnt immer das Kasino.

Wer noch nie im Kasino gezockt hat, tut gut daran, vorher die Spielregeln zu studieren und zu üben. Vor allem Blackjack, Craps und Roulette werden schnell gespielt, und wer den Spielfluss stört, macht sich rasch unbeliebt. Zu spielen und zu setzen, ohne genau zu wissen, was man tut, endet immer in den roten Zahlen. Deshalb macht es Sinn, vorher an Crash-Kursen teilzunehmen. Viele

Das »Aladdin« hat wie viele andere Kasinos seine eigenen Chips

Kasinos bieten sie gratis an, machen mit Schildern am Eingang darauf aufmerksam, wann und wo welcher Croupier für ein Stündchen Zocker-Novizen unter seine Fittiche nimmt.

So vorbereitet, kann es losgehen. War der Croupier ein verantwortungsvoller Mensch, wird er seinen Schülern gesagt haben, dass es kein todsicheres System gibt. Nicht einmal professionelle Spieler haben eines. Dafür atmen und denken sie Glücksspiel, Tag und Nacht, 24 Stunden lang, sie sind teils Mathematiker, teils Triebtäter, teils Unternehmer, teils Sadomasochisten. Sie kennen die Materie in- und auswendig und haben einfach dadurch höhere Gewinnchancen. Normalbürgern bleibt da nur eines: sich, bevor es losgeht, ein Limit zu setzen und dieses nicht zu überschreiten. Komme, was da wolle.

Jedes Spiel hat Regeln, dazu gibt es jede Menge Tipps, Tricks und Strategien. Hier die Grundzüge der wichtigsten Spiele.

Roulette: Das einfachste der Tischspiele und auch von Anfängern schnell zu spielen. Meistens sitzen bis zu sechs Spieler am Tisch, bei regem Betrieb stehen weitere Spieler zwischen und hinter ihnen. Um sich einzukaufen, platziert man sein Geld beim Roulette-Rad und informiert den Croupier (»dealer«) über die gewünschte Stückelung. In der Regel macht ein Schild auf den Mindesteinsatz (meist 1 US-$) aufmerksam. Der Croupier tauscht den Betrag in Kasino-Chips oder spezielle Roulette-Spielmarken (»checks«) um. Man kann ganze Zahlen setzen, verschiedene Zahlenpäckchen, gerade und ungerade Zahlen und schwarze und rote. Der eingesetzte Betrag bleibt einem selbst überlassen. Nach dem »no more bets« des Croupier geht nichts mehr. Ist die Kugel in eines der 38 Raster gefallen, streicht der Croupier die verspielten Chips ein und verteilt die Gewinne.

Blackjack (17 und 4): Volle Tische signalisieren die Popularität dieses Kartenspiels. Blackjack ist leicht zu lernen, macht Spaß und gilt als einziges Spiel, in dem man mit Geschick und Erfahrung den Hausvorteil senken kann. Es gibt Dutzende von Blackjack-Büchern, die alle Strategien und jeden Aspekt dieses Spiels durchleuchten. Man spielt gegen den Dealer. Der Dealer teilt jedem Spieler zwei Karten aus, eine Karte offen, die andere verdeckt. Wessen Karten der 21 am nächsten kommen, gewinnt.

Nummerkarten sind die Zahl ihrer Augen wert. König, Dame und Bube zählen jeweils zehn, das Ass dagegen elf oder eins. Beispiel: Zieht der Dealer eine 18, man selbst aber nur eine 16, hat man verloren. Umgekehrt gewinnt man. Je nachdem, wie die erste Runde läuft, kann man weitere Karten anfordern oder be

Beim Blackjack verbessern Erfahrung, Geschick und Aufmerksamkeit die Gewinnchancen

Nach wie vor äußerst beliebt sind die vielen Spielautomaten, die »slot machines«

zwei Karten bleiben. Haben Dealer und Spieler die gleiche Augenzahl, endet das Spiel als »push«; niemand gewinnt oder verliert. Hat man mehr als 21, endet man »busted« und verliert sofort. Erreichen sofort die ersten beiden Karten die 21, hat man ein »natural« und wird ausgezahlt. In jeder Runde spielt von links (»first base«) nach rechts (»third base«) ein Spieler nach dem anderen seine Karten aus. Wenn jeder gespielt hat, deckt der Dealer seine eigenen Karten auf und verteilt Gewinne und Verluste. Danach beginnt ein neues Spiel.

Auch hier macht ein kleines Schild am Tisch auf den Mindestbetrag aufmerksam: Die Einsätze liegen zwischen 1, 2 und 25 US-Dollar.

Craps: Ebenfalls sehr beliebt, wird dieses Würfelspiel an einem langen, rechteckigen Tisch mit hohen Rändern gespielt. Maximal 12 Spieler können teilnehmen. Bei Hochbetrieb moderieren bis zu vier Dealer das Spiel. Einsteigen ist einfach: Man postiert sich dort, wo Platz ist, und

Im »Sun Coast Hotel« warten die Croupiers auf Einsätze

wartet, bis man als »shooter« (Würfler) an der Reihe ist. Gespielt wird im Uhrzeigersinn. Die wichtigsten Regeln sind folgende: 7 oder 11 Punkte sind ein »natural« und ein Gewinn. 2, 3 oder 12 sind Verlierer und bedeuten »crapping out«. 4, 5, 6, 8, 9 oder 10 sind »points«, man muss würfeln, bis diese Zahl ein weiteres Mal erscheint.

Den Einsatz setzt man entweder auf den »shooter« (»make his point«) oder gegen ihn (»seven out«). Setzt man auf den »shooter«, platziert man seinen Einsatz auf einer der beiden »pass lines« an den kurzen Enden des Tisches. Setzt man gegen ihn, legt man seine Chips auf die »don't pass bar«. Man gewinnt oder verliert mit dem »shooter«. Daneben gibt es noch ein ganze Reihe weiterer Wettmöglichkeiten.

Keno: Das langsamste der Kasino-Spiele. Man sieht daher vor allem ältere Leute und vom Zocken am Blackjacktisch ermattete Spieler, die hier setzen und zwischendurch im Restaurant daneben eine Kleinigkeit essen. Jedes Keno-Spiel kann bis zu zehn Minuten dauern. Man nimmt sich einen der überall im Keno-Bereich ausliegenden Vordrucke, markiert, je nach der Höhe des Einsatzes, bis zu 20 der 80 Kästchen mit einem Bleistift und trägt den Zettel dann zum Keno-Schalter. Alle zehn Minuten werden dort die neuen Glückszahlen ermittelt und auf einer elektronischen Anzeigetafel bekannt gegeben. Am Schalter wird der Tipp registriert und ein Durchschlag ausgehändigt.

Auch kann man seinen Tipp einem »runner« mitgeben, die zwischen den Tischen unterwegs sind. Nach dem Spiel kommen sie wieder – manchmal sogar mit einem »winning ticket«.

Slot Machines: Die anspruchsloseste Art, Geld zu verspielen. Zu Beginn des 20. Jahrhunderts in San Francisco erfunden, fahren die »Einarmigen Banditen« seit den 1990er-Jahren den Kasinos von Las Vegas mehr Geld ein als alle Tischspiele zusammen. Die ältesten noch betriebenen Exemplare sind über 30 Jahre alt und zeigen Fruchtsymbole auf ihren Walzen. Gewonnen wird hier wie auch bei den supermodernen Komplizen bei drei identischen Symbolen entlang der dünnen »pay line« in der Mitte des Displays. Die interessanteste Neuerung, seitdem Computerchips in Slot Machines stecken, ist der »progressive jackpot«. Danach sind in einem Kasino, oder mehreren Kasinos, ganze Reihen von Automaten per Computer miteinander verbunden. Jedes Spiel erhöht den Jackpot, die aktuelle Höhe der Gewinnsumme ist auf elektronischen Anzeigetafeln zu lesen. Der höchste, je an »Slots« gewonnene Betrag ist 27 Millionen Dollar.

Information: Zu den Materialien, die die Las-Vegas-Marketing-Agentur Mangum Management (Tel. 089/236621-62, siehe »Adressen« Seite 104) verschickt, gehört auch ein »Glücksspiel-Leitfaden«, in dem weitere Spiele ausführlich erklärt werden.

Daddeln in »historischem« Ambiente: Spielautomaten im »Caesar's Palace«

Die Flora des Great Basin

Pflanzenführer

Ein weites, nahezu menschenleeres Land gleitet am Autofenster vorbei, lebensfeindlich, in Fels und Geröll gebettet. Nevada, fast ganz im riesigen, trockenheißen Becken der Great Basin Desert liegend, und der Süden Utahs gehören zu den trockensten Regionen der USA. Für Botaniker und Pflanzenkundler ist diese Ecke Amerikas nicht gerade ein Dorado. Wer genauer hinschaut, wird jedoch auch hier Leben entdecken. Denn selbst im alkalihaltigen, zwischen den Fingern zerbröselnden Wüstensand gedeihen abgehärtete Überlebenskünstler.

Zum Beispiel der Creosote-Busch (Larrea tridentata): Dieses bis in Höhen von 1200 Meter gedeihende Gewächs, ein stumpfgrüner, durchschnittlich einen Meter hoher Busch, ist typisch für Nevada und der beste Indikator dafür, dass der Boden landwirtschaftlich nichts hergibt. Von Februar bis August gelb blühend, konservieren seine kleinen, extrem angepassten Blätter das spärliche Wasser und zerfächern zugleich die Hitze. Als aggressiver Überlebenskünstler verdrängt er in der Regel alle andere Pflanzen aus seiner nächsten Umgebung. Unmittelbar nach Regenfällen sind seine sich wächsern anfühlenden Blätter extrem anregend: Indianer pflegten sie als Desinfektionsmittel zu benutzen. Die Mojave-Wüste im Süden Nevadas und die tiefsten Stellen der Great Basin Desert sind sein bevorzugter Lebensraum.

Wieder daheim, wird man sich fast ebenso lebhaft wie an die schnurgeraden, leeren Straßen an die bis zum Horizont reichenden Meere aus Beifußbüschen (Artemisia tridentata) erinnern. So allgegenwärtig ist dieses schienbeinhohe, auch Wermutstrauch genannte Gewächs, dass Nevada es zur »state flower« adelte und selbst den Spitznamen »Sagebrush State« bekam. Die Great Basin Desert ist sogar als »sagebrush ocean« bekannt: Wie ein silbergrauer Teppich bedeckt er in Höhen zwischen 1200 und 1800 Metern die Weiten Mittel- und Nord-Nevadas. Mit bis zu zehn Meter unter die Erdoberfläche reichenden Wurzeln schützt der Beifuß den Boden vor Erosion und signalisiert dem Farmer einen Boden, der bei regelmäßiger Bewässerung zumindest zum Anbau von Alfalfa (Luzerne) taugt. Rinder, Ziegen und Schafe mögen die Blätter. Zwischen den Händen zerrieben, riechen sie stark aromatisch.

Für die Indianer war der Beifuß ein wichtiger Nahrungsmittellieferant. Die Blätter wurden gekaut oder zusammen mit den Blüten zu Saft zerkocht. Die Rinde größerer Beifußpflanzen wurde zu Sandalen und Kleidern verarbeitet.

Mit dem Beifuß treten in der Regel weitere Buscharten auf, darunter der Bitterbrush-Busch (Purshia glandulosa) und der gern auf Steppenbrände folgende Rabbitbrush-Busch (Chrysothamus nauseosus). Unterbrochen wird der »sagebrush ocean« hin und wieder von natürlichen, weidewirtschaftlich genutzten Wiesen. Wo der Boden es zulässt, können Balsampappeln und verschiedene Beerenarten gedeihen. Wildblumen setzen farbige Akzente. Ihre Samen liegen manchmal Jahrzehnte an der Erdoberfläche und keimen erst, wenn genug Regen fällt.

In der Mojave-Wüste wächst der Joshua Tree, eine Yucca-Art

In den gleichen Lagen, allerdings nur innerhalb der Grenzen der Mojave-Wüste, wächst der Joshua Tree (Yucca brevifolia). Die erste Begegnung mit diesem scheinbar die Arme zum Gebet ausbreitenden Gewächs werden Las-Vegas-Besucher im Red Rock Canyon haben. Dort steht er in kleinen, lichten Gruppen an den Hängen entlang der Loop Road. Seinen biblischen Namen erhielt er von den mormonischen Siedlern, die in den 1850er-Jahren hier durchzogen. Bis zu zehn Meter hoch, ähnelt der Joshua Tree eher einem Kaktus als einer Yucca-Art. In Süd-Kalifornien, wo er besonders häufig auftritt, wurde sogar ein Nationalpark nach ihm benannt. Er wächst langsam, weniger als zweieinhalb Zentimeter pro Jahr, und produziert keine Jahresringe, so dass sein Alter schwer bestimmbar ist. Sicher ist nur, dass er mehrere hundert Jahre alt werden kann – falls er nicht vorher umkippt, reichen doch seine Wurzeln nicht allzu tief in den Erdboden. Besonders fotogen ist der Joshua Tree von Februar bis Ende April, wenn er cremeweiße, kerzenförmige Blüten hervorbringt. Eine bemerkenswerte Besonderheit ist seine Fortpflanzung: Nur das Weibchen der Pronuba-Motte verfügt über die zur Bestäubung nötigen Organe.

Indian Paint Brush: wunderschöne rote Blüte

In Höhen zwischen 1800 und 2600 Metern liegen die »pinyon pine and juniper woodlands«, wegen ihrer unwirklichen Atmosphäre – dank des trockenen

Bodens werden sie höchstens sechs Meter hoch – oft auch »elfin« oder »pgymy woodlands« genannt. Der Wacholderbaum (Juniperus) bevorzugt die unteren Lagen dieser Vegetationszone und gedeiht innerhalb dieser Region in nahezu allen Gebirgen Nevadas und Utahs. Maximal sechs Meter hoch, wirkt er seiner nach allen Seiten wachsenden Äste wegen oft ebenso breit. Die blaugrünen Beeren schmecken bitter. Seine knorrige Gestalt erinnert an die Anpassung an die in diesen Lagen mitunter extremen Temperaturunterschiede: Die gewaltigen Klimaveränderungen der letzten 30000 Jahre hat der Wacholderbaum überstanden, so haben Biologen anhand von DNS-Analysen jüngst herausgefunden, indem er sich mit einer weiter westlich vorkommenden Wacholderart kreuzte. Auch er hatte einst für die Indianer hohen Nutzwert. Schon die Anasazi verwendeten sein Holz als Baumaterial und seine Rinde zur Herstellung von Kleidung, Körben und Seilen.

Die mit dem Wacholderbaum in biotischer Gemeinschaft lebende Einblättrige Steinkiefer (Single leaf pinyon pine, Pinus monophylla) gedeiht in den oberen Lagen dieser Zone. Ihre Frucht, eine von den spanischen Missionaren »pinon« genannte Nuss, gehörte zu den Grundnahrungsmitteln der Paiutes und Shoshone. Es war im Übrigen das Holz dieser Kiefernart, das während der Boomzeiten des 19. Jahrhunderts die Schmelzöfen feuerte. Außer diesen beiden Bäumen trifft man immer wieder auch schöne Bestände von Balsampappeln, Weiden und Espen in dieser Vegetationszone.

Zwischen 2600 und 3300 Metern herrscht eine höhere Feuchtigkeit, die Vegetation wird üppiger und vielfältiger. Nevadas Faustregel, je höher man ist, desto höher die Bäume, gilt speziell für die Great Basin Desert. In den unteren Lagen dieser Zone gedeihen verschiedene Kiefern- und Fichtenarten, darunter Gelb-Kiefer (Ponderosa Pine; Pinus ponderosa) und Weißfichte (White Spruce; Picea glauca). Hemlocktannen (Tsuga) und Weißtannen (White Fir; Abies concolor) bewohnen die mittleren Lagen um 2900 Meter. Darüber thronen die mächtigen, wegen ihres harten Holzes bei Möbelbauern beliebten Douglasien (Douglas Fir; Pseudotsuga douglasii) und die dunkel in Spalieren stehenden Schwarzkiefern (Black Pine; Pinus nigra), Boten aus dem hohen Norden, wo sie landschaftsprägend auftreten. Wildblumenreiche alpine Wiesen setzen immer wieder Akzente. Über 3000 Meter gedeiht auch eines der ältesten Lebewesen der Welt. Im Great Basin National Park ist es sogar eine Touristenattraktion: die Borstenkiefer (Bristlecone Pine; Pinus longaeva). Bis zu 4600 Jahre werden diese knorrigen, an Trolle erinnernden Kiefern alt. Das Geheimnis ihres hohen Alters ist die nur dreimonatige, in Trockenphasen gänzlich ausfallende Wachstumszeit. In dem extremen Höhenklima entsteht ein harzreiches, äußerst dichtes, schädlingsresistentes Holz, das selbst Jahrzehnte nach dem Tod des Baumes nicht verfault.

In der Wüste Nevadas gedeihen Hunderte von Kakteenarten: Arizona barrel cactus

Prickly Poppy nennt man diese Wüstenpflanze

Das ganze Jahr über unscheinbar, aber in der Blütezeit nicht zu übersehen sind viele Kakteen

Allgemeine Reise-Informationen

Arizona, Colorado, Nevada und Utah bedecken zusammen ein Gebiet von über 1,07 Mio. qkm. Während sich in Mitteleuropa auf vergleichbarer Fläche – Deutschland, Frankreich und Österreich hätten hier noch etwas Ellbogenfreiheit – fast 150 Mio. Menschen drängen, leben in den genannten vier US-Bundesstaaten nur 13 Mio. Die größten Ballungszentren sind der Raum Las Vegas (1,1 Mio. Einw.) im Süden Nevadas, Denver (470 000 Einw.), Salt Lake City im Norden Utahs (160 000 Einw.), Reno (140 000 Einw.) zu Füßen der Sierra Nevada und Flagstaff im Norden Arizonas (50 000 Einw.)

Die herausragenden geologischen Landschaften sind das den größten Teil Nevadas und Nord-Utahs charakterisierende Great Basin, das sich von der Sierra Nevada im Westen bis zu den Wasatch Mountains im Osten erstreckt, und das Colorado Plateau, dessen erodierte Felslandschaften den Süden Utahs einnehmen.

Dank seiner Metropolen Las Vegas und Reno sind Glücksspiel und Tourismus Nevadas Haupteinnahmequellen. Gold, Silber, Eisen und Kupfer sind weitere Devisenbringer: Die verarbeitende Industrie konzentriert sich auf Erzverhüttung. Holzverarbeitung und chemische Industrie sind weitere bedeutende Arbeitgeber. Nur im Norden ist Landwirtschaft möglich, vor allem Weidewirtschaft. Im Süden Utahs ist, abgesehen von winzigen landwirtschaftlichen Enklaven, der Tourismus die einzige Einnahmequelle.

Adressen

Seit der Auflösung des amerikanischen Fremdenverkehrsamts gibt es im deutschsprachigen Raum keine zentrale Informationsstelle mehr. Erste Hilfe bei der Reisevorbereitung erhält man in den Travel Sections der Amerika-Häuser (Berlin, Frankfurt/Main, Hamburg, Köln, Leipzig und München).

Ankunft in Las Vegas: Entree des »Plaza Hotel«

Drei Marketing-Agenturen verschicken jedoch aktuelle Broschüren ihrer Kunden. **Arizona:** Arizona Office of Tourism, c/o Get It Across, Neumarkt 33, 50667 Köln, Tel. 0221/2336408, Fax 2336450 (E-Mail arizona.tourism@netcologne.de). **Colorado:** Colorado Tourism, c/o Get It Across, Neumarkt 33, 50667 Köln, Tel. 0221/2336407, Fax 2336450 (E-Mail colorado.tourism@netcologne.de). **Las Vegas:** Mangum Management, Herzogspitalstraße 5, 80331 München, Tel. 089/23662162 (Las-Vegas-Broschüren-Hotline), Fax 2604009 (E-Mail think@mangum.de).

Allerdings versenden die vier Bundesstaaten auch direkt Informationen und Hotelverzeichnisse. **Arizona:** Arizona Office of Tourism, 2702 North Third St., Suite 4015, Phoenix, AZ 85004, Tel. 602-2307733, Fax 2405475 (www.arizonaguide.com). **Colorado:** Colorado Travel & Tourism Authority, 1625 Broadway, Suite 1700, Denver, CO 80202, Tel. 303/8923885, Fax 8923848 (www.colorado.com). **Nevada**: Nevada Commission of Tourism, 401 North Carson Street, Carson City, Nevada 89701, Tel. 775/687-4322, Fax 687-6779 (www.travelnevada.com). **Utah:** Utah Travel Council, P.O. Box 147420, Salt Lake City, UT 84114-7420, Tel. 801/538-1030, Fax 538-1399 (www.utah.com).

In Passangelegenheiten und anderen reisespezifischen Problemen fallen diese Bundesstaaten unter die Jurisdiktion des deutschen Konsulats in Los Angeles (German Consulate General, 6222 Wilshire Blvd., Suite 500, Los Angeles, CA 90048, Tel. 323/930-2703, Fax 930-2805 (E-Mail losangeles@germanconsulate.org).

Anreise, Einreise

Zahlreiche europäische und amerikanische Airlines fliegen täglich von Deutschland nach Las Vegas, Salt Lake City und Denver. Wer unterwegs im Südwesten Zeit sparen muss, sollte sich im Reisebüro nach einem Vusa-Ticket (Visit USA) erkundigen. Dies ist ein Rundflugticket in Kombination mit Mietwagen und Transatlantikflug.

Zur Einreise in die USA benötigt man lediglich den noch mindestens sechs Monate gültigen Reisepass. Noch vor der Landung muss eine Zollerklärung ausgefüllt werden. Das bei der Einreise per Stempel ausgestellte Touristenvisum berechtigt zu max. 90 Tagen Aufenthalt.

Einheiten

Die USA folgen nicht dem metrischen System. Hier die wichtigsten Einheiten:

Längen:

1 inch (in.) = 2,54 cm
1 foot (ft.) = 30,49 cm

REISEDATEN LAS VEGAS – GRAND CANYON

Flug von Deutschland	Inlandsverkehr	Reisepapiere	Devisen	Mietwagen	Benzin	Hotel	Motel	Menü	Einfaches Essen	Ortszeit	Nationalparks
ab 650 €	Greyhound-Strecke L. V.–Flagstaff 51 US-$ (einfach)	Reisepass; mindestens noch sechs Monate gültig	1 € = 0,88 US-$; 1 US-$ = 1,13 €	Mittelklasse: ab 200 € pro Woche	1 Liter kostet ca. 0,40 US-$	4-/5-Sterne/DZ: ab 140 US-$	DZ ab 40 US-$	ab 14 US-$ (ohne Alkohol)	Imbiss, Fastfood ab 3 US-$ (ohne Alkohol)	MEZ – 8 Std.	Golden Eagle Pass (1 Jahr Eintritt in alle Nationalparks) 50 US-$

US-Dollars sind leicht zu verwechseln, da alle Scheine die gleiche Größe haben

1 yard (yd.) = 91,44 cm
1 mile (mi.) = 1,609 km

Flüssigkeiten:

1 pint (pt.) = 0,473 Liter
1 quart (qt.) = 0,946 Liter
1 gallon (gal.) = 3,785 Liter

Gewicht:

1 ounce (oz.) = 28,35 Gramm
1 pound (lb.) = 453,60 Gramm
1 hundredweight = 50,80 Kilogramm

Temperaturen:

Wärme und Kälte werden in Graden Fahrenheit (°F) und nicht in Celsius (°C) gemessen. Die Temperatur von +32 °F entspricht dem Gefrierpunkt 0 °C.
°F kann man nach einer Formel in °C umrechnen: Fahrenheit minus 32, geteilt durch 1,8 gleich Celsius. Beispiele: 32 °F = 0 °C, 50 °F = 10 °C, 59 °F = 15 °C, 68 °F = 20 °C, 77 °F = 25 °C, 86 = 30 °C, 95 °F = 35 °C, 104 °F = 40 °C.

Einkaufen

Verbindliche Ladenschlusszeiten gibt es nicht: Jeder Laden öffnet und schließt, wie er es für richtig hält. Generell haben die meisten Geschäfte Mo–Sa von 10 bis 21 Uhr geöffnet, oft auch sonntags von 10 oder 12–18 Uhr. Supermärkte sind oft rund um die Uhr in Betrieb, ebenso manche Shopping Malls und viele Factory Outlets sowie Convenience Stores.
Auf alle Preise werden in den Geschäften drei bis neun Prozent Sales Tax aufgeschlagen – die Höhe variiert zwischen den Bundesstaaten und manchmal selbst von County (Landkreis) zu County. Bar bezahlt werden nur kleinere Beträge, ansonsten ist Plastikgeld (Visa, Mastercard) Trumpf.

Elektrische Geräte

Die Stromspannung beträgt in den USA 110 Volt. Mitgeführte elektrische Geräte müssen umschaltbar sein. Man benötigt zudem einen Adapter, den man bereits daheim erwerben sollte.

Feiertage

Nationale Feiertage: 1. Januar (New Year's Day); 3. Montag im Januar (Martin Luther King Jr. Day); 3. Montag im Februar (Presidents Day/George Washington Day); letzter Montag im Mai (Memorial Day zu Ehren gefallener Soldaten, Beginn der Sommerzeit); 4. Juli (Independence Day, Unabhängigkeitstag); 1. Montag im September (Labor Day, Tag der Arbeit, Ende der Sommersaison); 2. Montag im Oktober (Columbus Day, »Entdeckung« Amerikas); 11. November (Veterans Day zu Ehren der Kriegsveteranen); 4. Donnerstag im November (Thanksgiving, Erntedankfest); 25. Dezember (Christmas Day).
Daneben gibt es in den Bundesstaaten einige regionale Feiertage. Behörden, Postämter, Banken und viele Museen haben an staatlichen Feiertagen geschlossen.

Geld

Die amerikanische Währung ist in Banknoten von 1, 2, 5, 10, 20, 50 und 100 US-Dollar aufgeteilt. Alle Scheine haben dasselbe Format und sind leicht zu verwechseln. Das Hartgeld besteht aus 1, 5 (Nickel), 10 (Dime), 25 (Quarter) und 50 Cent sowie dem kaum mehr in Umlauf befindlichen Ein-Dollar-Stück. In Dollar ausgestellte Travellerschecks sind nach wie vor ein gutes Zahlungsmittel, selbst wenn sie in letzter Zeit immer stärkere Konkurrenz von den internationalen Kreditkarten erhalten. Mit Plastikkarten kann man Bargeld an Automaten (»ATM's« i. e. »automatic teller machines«) abheben und Hotel- und Restaurantrechnungen begleichen. Selbst mit der deutschen EC-Karte kann man nun überall dort, wo das Maestro-Zeichen steht, bezahlen oder Geld abheben. Inzwischen sollen es etwa 170 000 Automaten sein.

Gesundheit

Der Reisende braucht sich um seine medizinische Versorgung keine Gedanken zu machen. Krankenhäuser und niedergelassene Ärzte arbeiten zuverlässig. Sorgen sollte man sich allenfalls um deren Bezahlung. Diese erfolgt sofort und in bar oder Plastik und strapaziert das Urlaubsbudget. Da amerikanische Arztrechnungen hoch sind, empfiehlt sich der Abschluss einer Reisekrankenversicherung. Auch sollte man verschreibungspflichtige Medikamente in ausreichender Menge mit sich führen. Krankenhäuser (»hospitals«), Apotheken (»pharmacies«) und Ärzte (»doctors«) findet man in den Gelben Seiten (»yellow pages«) der Telefonbücher. Schwächere Schmerzmittel werden rezeptlos in den »drugstores« der Supermärkte verkauft.

Klima und Kleidung

Nevada ist der Bundesstaat mit dem geringsten Niederschlag der USA. Die Sommer sind heiß, die Temperaturen in Las Vegas erreichen 45 Grad, es ist das ganze Jahr über trocken. Wegen des bergigen Reliefs gibt es jedoch Ausnahmen. Während die trockenheiße Great Basin Desert jährlich nicht mehr als 160 mm Regen erhält, bringen im Norden die Höhenlage und die Schneeschmelze in der Sierra Nevada und in den Höhenzügen weiter östlich dem Umland von Reno/Sparks, Fallon und Elko volle Flüsse und grüne Weiden. Dagegen ist Las Vegas das trockenste Ballungszentrum der Nation und fast vollständig vom Wasser des Lake Mead abhängig.
Nevada kann allerdings auch anders. Die »wet season« dauert von Dezember bis

Las Vegas	Temp. max.	Temp. min.	Regentage	Sonnenstd.
Januar	14°	1°	2	7,9
Februar	17°	4°	2	8,7
März	20°	7°	2	10,2
April	25°	10°	1	11,5
Mai	31°	16°	1	12,5
Juni	38°	21°	1	13,4
Juli	41°	25°	2	12,6
August	40°	23°	2	11,9
September	35°	19°	1	11,2
Oktober	27°	12°	1	9,8
November	20°	6°	1	8,2
Dezember	20°	1°	2	7,6

Durchschnittswerte Quelle: Seewetteramt Hamburg

März und ist von sintflutartigen Regenfällen gekennzeichnet, in deren Verlauf seit Jahrzehnten trockene Flussbetten sich plötzlich in reißende Flüsse verwandeln. Fast ebenso heiß und trocken ist Utah. Mit max. 200 mm Niederschlag gehört das Colorado Plateau zu den trockensten Gebieten des Bundesstaats. Die Sommer sind heiß, nachts kühlt es etwas ab. Im Winter fällt Schnee, die Luft ist klar. Der höher liegende Südwesten Colorados ist im Sommer etwas kühler. Nach Sonnenuntergang benötigt man einen Pullover.
Was eingepackt wird, hängt von den geplanten Urlaubsaktivitäten ab. Auf jeden Fall in den Koffer gehören eine Kopfbedeckung, jede Menge T-Shirts, Shorts und Sandalen. Sonnenbrille und Sonnenöl sind ebenfalls obligatorisch.
Für kühle Abende sollte man ebenso gewappnet sein wie für den Besuch eines feinen Restaurants in Las Vegas. Die Amerikaner kleiden sich für diesen Anlass lässig, aber nicht nachlässig. Hiker bringen unbedingt eingelaufene Wanderschuhe mit, Wasserflaschen und leichte, schnell trocknende Polyesterhosen und -hemden.

Knigge

Amerikaner sind höfliche Leute, besonders im traditionell konservativen Südwesten. Die Benimmregeln der »alten Schule« – Damen in den Mantel helfen, die Tür aufhalten etc. – werden hier groß geschrieben, ebenso »small talk«, der kurze, belanglose Austausch aus Höflichkeit. Die eigene Meinung, vor allem die politische, hält man Fremden gegenüber zurück. Auf die Frage »How are you?« mit einer Klage zu antworten, ist ebenfalls nicht üblich, schließlich ist Amerika traditionell optimistisch, auch könnte man den Fragesteller brüskieren.
Amerikas Ureinwohner lassen sich im Allgemeinen höchst ungern fotografieren. In der Hopi Indian Reservation ist Fotografieren, nachdem die Hopi jahrzehntelang als Fotomotive herhalten mussten, sogar rundweg verboten. Hier gebieten es Rücksichtnahme und Höflichkeit, zuerst um Erlaubnis zu fragen. Tut man dies nicht, beschwört man u. U. sehr unangenehme Situationen herauf.

Küche

Erstklassige Gastronomie gibt es nur in Las Vegas und – mit Abstrichen – in Reno. Nur hier hat der Besucher die Qual der Wahl zwischen Italienisch oder Thai, Chinesisch oder Indisch, Kalifornisch oder Nouvelle Cuisine.
Nevada und Utah werden von den amerikanischen Fastfood-Ketten und traditionellen Diners beherrscht. Diese bieten dreistöckige Sandwiches, Pizzen, Steaks und Hamburger zu Kampfpreisen an, während man sich so viel Cola nachfüllen kann, wie man zu fassen in der Lage ist. Das Frühstück (»breakfast«), eine Kalorien- und Cholesterinbombe aus Bratkartoffeln, Spiegeleiern, gebratenem Speck und Pancakes, findet zwischen 7 und 9 Uhr statt und hält in der Regel bis zum Abend.
Das »Dinner« wird zwischen 18 und 20.30 Uhr eingenommen und besteht meist aus Rindersteaks, Hühnchen (»chicken«) in allen Variationen und Schweinefleisch, das meist als »prime rib« kommt. Als Nachtisch (»dessert«) gibt es Kuchen, meist Käsekuchen oder Apfeltorte (»cheese cake«, »apple pie«), süße Kringel (»doughnuts«) oder Hefeküchlein (»muffins«). Kaffee, meist dünn, ist allgegenwärtig und wird mehr »on the road« im Auto getrunken als im Restaurant.
Allerdings, keine Regel ohne die berühmte Ausnahme: Nette Überraschungen gibt es immer wieder – hier ein kleiner Coffeeshop mit Espresso-Maschine, dort ein winziges Feinschmecker-Restaurant. Jenseits von Las Vegas dürfen sich Gourmets vor allem in Moab, Springdale, Cortez und Elko über Abwechslung auf der Speisekarte freuen.
Die amerikanische Restaurant-Etikette beginnt mit dem Schild »wait to be seated« am Eingang: Man stürmt nicht gleich zu seinem Tisch, sondern wartet auf die »hostess«, die einen Tisch (»smoking or not?«) zuweist. Alkohol wird – ein Relikt aus der Puritanerzeit – nur im Restaurant oder im Hotelzimmer genossen. Bier oder Wein in der Öffentlichkeit, selbst im geparkten Auto, ist ein absolutes »no-no« und wird streng bestraft.

Literatur

Über das Phänomen Las Vegas wurden bereits zahlreiche Bücher geschrieben. Hier eine kleine Auswahl:
Der »Pate«-Autor Mario Puzo, selbst ein leidenschaftlicher Spieler, hat mit »Las Vegas« (Ullstein TB, 2000) ein spannendes Buch über Glücksspiel, Girls und Glamour geschrieben. »True Tales of the Neon Wilderness« (University of Utah Press) von Lokalreporter Jim Sloan ist eine Sammlung von elf Reportagen, die in den letzten Jahrzehnten in Las Vegas und Nevada für Schlagzeilen sorgten. Holly-Jane Rahlens hat die Spielerstadt zum Schauplatz ihrer witzigen Liebesgeschichte »Mazel Tov in Las Vegas« (Piper 2000) gemacht.
Mit Johnny Depp und Benicio del Toro in den Hauptrollen verfilmt wurde »Angst und Schrecken in Las Vegas« (Goldmann

Das »Rochester Hotel« in Durango serviert seinen Gästen ein Buffet

1998) von Hunter S. Thompson, ein skurril-absurdes Stück Journalismus aus der Spielerstadt. Mit der Mafia in Las Vegas beschäftigt sich die »Mafia Encyclopedia« von Carl Sifakis (Facts on File Publications, 1999).
»Shy Boy: Gespräche mit einem Mustang« von Monty Roberts (Lübbe, 1998) ist die Biografie des echten, im Film von Robert Redford verkörperten »Pferdeflüsterers« Monty Roberts und vermittelt auch einen schönen Einblick in das Cowboyleben (zahlreiche Fotos).
Unvoreingenommene Informationen über die Mormonen bietet Helmut Obst in seinem Buch »Apostel und Propheten der Neuzeit« (Vandenhoeck & Ruprecht, 2000). Ein stimmungsvoller Wegbegleiter durch die Four Corners sind die »Indianermärchen der Pueblo, Hopi und Navajo« (Fischer TB, 1996), eine Sammlung der schönsten Märchen und Mythen aus dieser Gegend. Zu den Navajos, ihrer Mythologie und Sagen führt der Thriller »Der Tanz des Kojoten« von Ron Querry (Fischer TB, 2001).
In »Der Strom, der bergauf fließt« (dtv, 2000) erzählt William H. Calvin die Geschichte einer spannenden Floßtour durch den Grand Canyon. Gleichzeitig führt er die Leser durch die gesamte Erdgeschichte, vom Urknall bis zum Großhirn des Homo sapiens.

Die Arches Vineyards sind eines der wenigen Weingüter im amerikanischen Südwesten

Medien

Der Äther über der Wüste ist voll von lokalen und überregionalen Radiostationen. Dementsprechend groß ist das Angebot, wo Anrufer Rechtsbeistand, Trost und sexuelle Aufklärung erhalten, Country-Favoriten bestellen – erst hier lernt man die Volksmusik des weißen Amerika zu schätzen – und über die Regierung im fernen Washington schimpfen.
Die einzige überregionale Tageszeitung ist »USA Today« (www.usatoday.com). Daneben liegt in den Convenience Stores und Buchläden eine breite Palette regionaler Zeitungen, Zeitschriften und Magazine aus. Die »Las Vegas Sun« (www.lasvegassun.com) ist Süd-Nevadas wichtigste Tageszeitung. Ihr Veranstaltungskalender informiert täglich über aktuelle Shows und Konzerte. Hinter die Kulissen der Spielerstadt schaut das Magazin »Las Vegas City Life« (www.lvcitylife.com). Die größte Tageszeitung Utahs ist die im gesamten Bundesstaat zirkulierende »Salt Lake Tribune« (www.sltribune.com). Ähnliche Bedeutung hat die »Denver Post« (www.denverpost.com) für Colorado.

Post, Telefon

Briefe bis 28 g nach Europa kosten 60 Cents, plus 23 Cents für jede weitere Unze. Postkarten werden mit 50-Cent-Briefmarken versehen. Briefmarken gibt es in Drugstores, Buchhandlungen, Convenience Stores und vielen Hotels.
Amerikanische Telefonzellen funktionieren mit 25-, 10- und 5 Cent-Stücken. Allerdings lohnen sich Münzen nur bei Ortsgesprächen. Für Fern- und internationale Gespräche kauft man sich am besten im Drugstore oder an der Tankstelle eine Telefonkarte (»prepaid phone card«). Deutschland hat die Vorwahl 01149, Österreich die 01143, die Schweiz die 01141. Die 0 der Ortsvorwahl wird weggelassen.
Von Hotels aus nach Hause zu telefonieren ist nicht ratsam. Oft berechnen die Unterkünfte eine horrende »service charge«. Eine weitere Möglichkeit ist das R-Gespräch. Dazu wählt man die »0«. Der Operator meldet sich und erteilt weitere Instruktionen. Akzeptiert der Empfänger die Gebühren, schaltet er den »collect call« frei.
Eine Besonderheit sind die gebührenfreien 800er-Nummern. Sie funktionieren nur in Amerika. Amerikas Notrufnummer ist 911.

Achtung Wanderer: Hinweis am Bright Angel Trail

Sicherheit

Der in diesem Heft beschriebene Teil der USA ist ein weitgehend sicheres Pflaster. Die Einsamkeit Nevadas und Utahs bringt zwar knorrige und manchmal skurrile Typen zu Stande, selten jedoch Kriminelle. Die Kriminalität ist, wie überall, in den großen Städten zu Hause. Las Vegas und Reno haben Viertel, in die man sich nachts besser nicht verirren sollte und wo man am besten den gesunden Menschenverstand walten lässt. Hat man hier einen Unfall, sollte man so lange bei verschlossenen Türen im Auto bleiben, bis man die Situation einigermaßen überblicken kann. Kam der Unfall unter sonderbaren Umständen zu Stande, bleibt man auf jeden Fall im Auto. Geparkt wird der Wagen nachts nur in beleuchteten, belebten Gegenden. Wertsachen, die man nicht mitnimmt, verstaut man im Kofferraum. Wer trotz aller Vorsichtsmaßnahmen doch in einen Überfall verwickelt wird, dem rät die US-Polizei nur eines: nicht den Helden spielen und sich dem Verbrecher in den Weg stellen! Anhalter sollte man nicht mitnehmen. Sich einzumischen kann unabsehbare Folgen haben. Besser ist, zur nächsten Telefonzelle zu fahren und 911 anzurufen.

Ähnliches gilt auch für Fußgänger. Dunkle, unübersichtliche Gegenden sind zu meiden oder aber mit dem Taxi zu durchqueren. Wertsachen sollte man nicht mit sich herumtragen, sondern im Hotelsafe deponieren. Nie in der Öffentlichkeit mit Geldscheinen herumwedeln!

Viele Notfälle kommen im unerschlossenen Hinterland zu Stande und sind in den meisten Fällen auf Unerfahrenheit und Achtlosigkeit zurückzuführen. Wer zu einer mehrtägigen Wanderung im »backcountry« aufbricht, benötigt zunächst ein »permit«. Diese Genehmigung wird von den Nationalparkverwaltungen und den Bureaus of Land Management ausgestellt. Dort sollte man auch seine Daten hinterlassen: Welche Strecke wird man gehen, wann will man wieder zurück sein?

Rafting-Touren erfreuen sich großer Beliebtheit

Sport und Freizeit

Arizona: Der Grand Canyon National Park mit seiner Vielzahl unterschiedlich schwerer Wanderwege ist eines der besten Hikingreviere Nordamerikas. Von leichten Spaziergängen entlang der Kante bis hin zu mehrtägigen, Kondition und Ausdauer auf die Probe stellenden Expeditionen hat der Hiker hier die Qual der Wahl. Zugleich ist der 400 km lange Abschnitt des Colorado von Lee's Ferry bis zum Ende des Canyons eines der besten Raftingreviere des Kontinents.

Andere hervorragende Trails finden sich im Navajo National Monument. Neben den Nationalparks und National Monuments halten auch die Arizona State Parks ein umfangreiches Freizeitangebot bereit. Weitere Informationen: Arizona State Parks, 1300 W. Washington, Phoenix, AZ 85007, Tel. 602/542-4174, Fax 542-4180 (www.pr.state.az.us).

In der Südwestecke **Colorados** kann man die Wanderung mit dem Besuch prähistorischer Ruinen verbinden. Mesa Verde National Park und Ute Mountain Tribal Park bieten reichlich Gelegenheit dazu.

Der Animas River ist ein Abenteuerspielplatz für Wildwasser-Fanatiker, Basis für ein- und mehrtägige Touren ist Durango. Die San Juan Mountains bieten mit Telluride und Purgatory Skizentren auf internationalem Niveau.

Allgemeine Informationen: Colorado Parks and Outdoor Recreation, 1313 Sherman St., Room 618, Denver, CO 80203, Tel. 303/866-343 (www.parks.state.co.us). ***Hiking in Colorado:*** US Forest Service, 740 Simms, P.O. Box 25127, Lakewood, CO 80225, Tel. 303/275-5350. ***Wintersport:*** Colorado Ski Country, 1560 Broadway, Suite 2000, Denver, CO 80202, Tel. 303/837-0793.

In **Nevada** bieten Las Vegas und Reno alle Freizeitsportarten, angefangen bei Golf und Tennis über Schwimmen bis hin zu Squash und Bowling. Darüber hinaus ist der Wüstenstaat, was verblüffen mag, besonders attraktiv für Wassersportfreunde. Lake Mead ist der Hot Spot für Segler, Taucher, Kanuten und Kayaker. Angler werfen hier die Leinen nach verschiedenen Forellenarten aus. Pyramid Lake und Flüsse, die durch Indianer-Reservate fließen, können von Anglern und Wassersportlern nur mit »permit« vom zuständigen Stammesrat genutzt werden.

Freunde des weißen Sports finden während der Wintermonate reichlich Auslauf in der Sierra Nevada um den Lake Tahoe. Zahlreiche Resorts warten mit herrlichen Loipen und Eisbahnen auf Gäste. Das olympiaerfahrene Ski-Revier Squaw Valley hat Weltniveau, daneben gibt es ein Dutzend weiterer hochklassiger Zentren für Skiläufer und Snowboarder. Für Heli-Skiing gelten die Ruby Mountains bei Elko als erste Adresse.

Nevadas State Parks, National Forests und Nationalparks sind ein Eldorado für Wanderer und Mountainbiker. Mehrere tausend Kilometer Hiking Trails warten hier auf Spaziergänger und erfahrene Outdoor-Experten. Austin im Zentrum Nevadas ist auf dem besten Weg, ein zweites Moab (s. u.) zu werden.

Allgemeine Informationen: Nevada Division of State Parks, 1300 S. Curry St., Carson City, NV 89703, Tel. 775/687-4384, www.state.nv.us/stparks. ***Hiking in Nevada:*** Intermountain Region, 2501 Wall Ave., Ogden, UT 84401, Tel. 801/625-5306. USDA Forest Service, Las Vegas Ranger Division, 2881 Valley View Blvd., Suite 16, Las Vegas, NV 89102, Tel. 702/873-8800.

Im Süden **Utahs** ist es so gut wie unmöglich, die grandiose Natur nicht unter die Füße zu nehmen. Fünf der schönsten Nationalparks der Nation, dazu zahlreiche State Parks und Erholungsgebiete, bieten dem Natur- und Sportfreund alle Möglichkeiten. Jeder Park verfügt über Wanderwege unterschiedlicher Länge und Schwierigkeitsgrade.

Reitertouren werden immer beliebter: Mehrtägige Pack-Trips ins Innere des Escalante-Grand Staircase National Monument sind noch immer Expeditionen ins Ungewisse. Für Mountainbiker und 4WD-Fans haben die Parks eigene Trails und Pisten bereitgestellt. Moab, das Mekka der amerikanischen und internationalen Mountainbiker-Gemeinde, ist Basis für Exkursionen auf zwei und vier Rädern in die Nationalparks Arches und Canyonlands.

Allgemeine Informationen: Division of Parks and Recreation, 1636 W. North Temple, Salt Lake City, UT 84116-3156,

Per Maultier ist der Abstieg in den Grand Canyon relativ leicht zu bewältigen

Tel. 801/538-7221 (www.parks.state.ut.us).
Hiking in Utah: Intermountain Region, 324 25th St., Ogden, UT 84401, Tel. 801/625-5306.

Trinkgeld

Trinkgeld bzw. »tipping« ist üblich. Kellner bekommen 15 Prozent vor Steuern; der Betrag wird entweder auf dem Tisch liegen gelassen oder beim Abrechnen per Kreditkarte eingetragen. Ob der Service diesen Prozentsatz wert ist, muss man selbst entscheiden. Zimmermädchen bekommen 1–2 US-$ pro Tag, der Gepäckträger rechnet mit 1 US-$ Dollar pro Gepäckstück.

Unterkünfte

Mit Ausnahme Las Vegas', das alle Regeln bezüglich Hoch- und Nebensaison auf den Kopf stellt (durchschnittlicher Auslastungsgrad am Wochenende: 93,5 Prozent), findet man mit Ausnahme der Monate Juli und August leicht die gewünschte Unterkunft. Die Tourismusministerien der Bundesstaaten verschicken offizielle Guides mit ausführlichen Hotelverzeichnissen, in denen die meisten Hotels, Motels, Lodges und Inns aufgeführt sind. Wer sich einen solchen Guide nicht nach Hause kommen lässt, erhält ihn auch vor Ort in einem der über den gesamten Staat verstreuten Besucherzentren.
Einen gesicherten Standard erhalten Gäste der international bekannten Hotelketten. Zum mittelpreisigen Segment gehören die Marken »Holiday Inn« und »Holiday Inn Express« sowie »Marriott Fairfield«. Etwas darunter rangieren die Mitglieder von »Best Western«. Danach kommt eine ganze Palette preiswerter Ketten, darunter »Days Inn«, »Journey's End«, »Econolodge« und »Super-8«. Mit Übernachtungspreisen um 40 US-Dollar ist »Motel-6« die preiswerteste Kette in dieser Kategorie.
Preislich auf Motelniveau bewegen sich nur noch die Jugendherbergen, YMCA's und YWCA's. Diese findet man überall dort, wo junge Rucksacktouristen Station machen, also vorzugsweise in den Städten. Das Handbuch »Hostelling North America« des amerikanischen Jugendherbergsverbandes AYH ist vor Ort im Buchhandel erhältlich. Info: Hostelling International – American Youth Hostels, 733 15th St., NW Washington. DC 20005, Tel. 202/783-6161, Fax 783-6171, www.hiayh.org. Y'Ways International, 224 E. 47th St., New York, NY 10017, Tel. 212/308-2899, Fax 308-3161. Beim Deutschen Jugendherbergsverband gibt es ebenfalls ein internationales Jugendherbergsverzeichnis: DJH, 32754 Detmold, Tel. 05231/740142 (www.djh.de).
Die Übernachtungspreise werden oft pro Zimmer angegeben – egal, ob das Zimmer von einer oder zwei Personen benutzt wird. Zur Grundausstattung gehören ein breites »king size«-Bett, Fernseher, Telefon und Dusche/Bad. Frühstück kann im Preis enthalten sein. Entlegene Lodges dagegen berechnen die Übernachtung oft pro Person, dafür sind die Mahlzeiten meist im Preis enthalten. Für Kinder wird ein drittes Bett im Zimmer aufgestellt. Viele Hotels/Motels veranstalten Sonderpreis-Aktionen. Man sollte sich beim Einchecken auf jeden Fall nach Sonderpreisen erkundigen.
Nevada: Nevada Hotel & Motel Association, 2901 El Camino Ave., Suite 202, Las Vegas, Nevada 89102-4201, Tel. 702/878-9272, Fax 878-5009 (E-Mail info@nvhotels.com).
Utah: Bed & Breakfast Inns of Utah, P.O. Box 3066, Park City, UT 84060-3066 (E-Mail info@bbiu.org, www.bbiu.org).
Utah Hotel & Lodging Association, 9 Exchange Place, Suite 812, Salt Lake City, UT 84111, Tel. 801/359-0104, Fax 359-0105.
Colorado: Colorado Hotel & Lodging Association, 999 18th Street, Suite 1240, Denver, CO 80202, Tel. 303/297-8335, Fax 297-8104 (www.coloradolodging.com).
Arizona: Arizona Hotel & Motel Association, 1240 E. Missouri Ave., Phoenix, AZ 85014, Tel. 602/604-0729, Fax 604-0769.

Hotels, Motels, Motor-Hotels, Inns, Lodges, Resorts, B & Bs: Die Namen weisen auf verschiedene Betriebstypen hin (wobei die Unterschiede manchmal etwas verschwimmen).
Hotels, Motels: Meist moderne, zweckgerichtete Unterkünfte für die Übernachtung unterwegs. Hotels pflegen in den Städten zu liegen, Motels an den Stadträndern und/oder verkehrsgünstig an Highway-Ausfahrten. Mit Preisen ab 25 US-Dollar gehören Motels zu den preiswertesten Unterkünften.

Auch im Capitol Reef National Park sind Mountainbiker unterwegs

Inns, Country Inns: Gasthöfe, Landgasthöfe. Viele in Städten gelegene Hotels sind dazu übergegangen, ihre Etablissements »Inns« zu nennen. Das soll Gemütlichkeit und persönlichen Service signalisieren. Tatsächlich befinden sich die meisten Inns in Privatbesitz und pflegen ein gehobenes Niveau, das sich in Details wie geschmackvoller Möblierung und der Morgenzeitung vor der Tür ausdrückt. Country Inns pflegen in landschaftlich schöner Umgebung zu liegen, oft an einem See oder am Rand eines Nationalparks. Zum Etablissement gehört oft ein gutes Restaurant.
Lodges: Niveauvolle Unterkünfte in der Natur, oft in der Wildnis. Zimmer werden hier meist pro Person abgerechnet, dafür sind die Mahlzeiten inklusive. Viele Lodges haben Packages geschnürt: Im Preis enthalten sind z.B. dann die Benutzung der Außenborder zum Angeln und der Pferde zum Ausritt.
Resorts: Moderne Ferienanlagen mit umfangreichem Freizeitangebot.
Bed & Breakfasts: Längst nicht mehr die preiswerteste Übernachtungsmöglichkeit.

Das »Strater House« in Durango gehört zu den wenigen Traditionshotels der Region

Die meisten B & B's werden inzwischen professionell betrieben und rangieren, oft in historischen Häusern untergebracht, in den Preisbereichen ab 100 US-Dollar. Dafür kommt man in den Genuss individuell und mit viel Liebe zum Detail gestalteter Zimmer.

Veranstalter

Alle großen deutschen Reiseveranstalter (DER, TUI, NUR etc.) haben den amerikanischen Südwesten im Programm. Vom Alles-Inklusive-Package über Fly-and-drive bis hin zur Vermietung von Wohnmobilen und Hausbooten reicht das Angebot. Daneben gibt es eine ganze Reihe interessanter Nordamerika-Spezialisten, darunter den Canada Reise Dienst (North America Travel House, Fleethof, Stadthausbrücke 1–3, 20355 Hamburg, Tel. 040/3006160, Fax 30061655, www.crd.de), das Amerika Reise Center (Ostwall 81, 47798 Krefeld, Tel. 02151/801816, Fax 20972, www.mercator-reisen.de) und Canusa Touristik (Nebendahlstr. 16, 22041 Hamburg, Tel. 040/227253-0, Fax 227253-53, www.canusa.de).

Verkehrsmittel

Amtrak-Züge und Greyhound-Busse sind zwar auch im Südwesten der USA unterwegs, ihr Verkehrsnetz ist dort jedoch nur sehr weitmaschig – und deshalb zum Sightseeing ungeeignet.
Im Autofahrerland Amerika ist der eigene fahrbare Untersatz unerlässlich. Im Mietwagen ist man flexibel und erreicht auch all jene Orte, die öffentliche Verkehrsmittel nicht im Fahrplan führen. Das gilt vor allem für die State und National Parks, aber auch für alle entlegenen Wüstengegenden Nevadas und Utahs.
Alle großen Mietwagenfirmen sind auch in den USA vertreten. Wer einen Wagen mieten will, muss mindestens 21 Jahre alt sein und den nationalen Führerschein besitzen. Zwar bieten alle Firmen immer wieder Sonderpreisaktionen an, doch ist es generell billiger – und unkomplizierter – den Wagen im Reisebüro daheim anzumieten. Vor Unterzeichnung des Mietvertrags sollte man sich vergewissern, für welche Leistungen man bezahlt und ob ggf. am Zielort zusätzliche Forderungen aufkommen können. Z.B. werden vor Ort gern zusätzliche State Taxes eingefordert. Das kleine ABC der Mietwagenfirmen:
»CDW« (Collision Damage Waiver): Haftungsbefreiung für Unfallschäden am Fahrzeug.
»LDW« (Loss Damage Waiver): Haftungsbefreiung bei Verlust des Fahrzeugs.
»PAI« (Personal Accident Insurance): Insassenunfallversicherung.
»PEC« (Personal Effect Coverage): Reisegepäckversicherung.
Empfehlenswert ist »unlimited mileage« (unbegrenzte Kilometer). Sollte man den Wagen an einem anderen Ort abgeben wollen, erkundige man sich nach einer evt. »drop-off-charge«. Ebenfalls bereits in Deutschland mieten sollte man sein Wohnmobil.
Mitglieder deutscher Automobilklubs können bei der amerikanischen Schwesterorganisation American Automobile Association (AAA; www.aaa.com) gratis die offiziellen »tourbooks« anfordern. Diese Reiseführer sind alphabetisch gegliedert und mit ihren jährlich aktualisierten Hotelverzeichnissen höchst praktische Reisebegleiter.
Arizona: AAA Arizona, 3144 N. 7th Ave., Phoenix, Arizona, Tel. 602/274-1116, aaa-arizona.com.
Colorado: AAA Colorado, 411 E. Arkansas Ave., CO 80222-3491, Tel. 303/753-8800.
Nevada: AAA Nevada, 2901 S. Carson St., Carson City, NV 89701-5527, Tel. 702/883-2470.
Utah: AAA Utah, 560 E. 500 St., Salt Lake City, UT 84102, Tel. 801/364-5615 (www.csaa.com/index-anonym.asp; auch für Nevada zuständig).
Kaum Verkehr und gerade Straßen: Im Südwesten ist Autofahren sehr angenehm. Überdies sind die amerikanischen Verkehrsteilnehmer rücksichtsvolle, bedacht fahrende Zeitgenossen. Es gelten die von Europa bekannten Verkehrsregeln – mit einigen wichtigen Ausnahmen. Bei ungeregelten Kreuzungen hat derjenige Vorfahrt, der zuerst da war. Auf Interstates darf auch rechts überholt werden. Falls nicht anders ausgeschildert, darf auch bei roter Ampel rechts abgebogen werden. Haltende Schulbusse dürfen nicht überholt und auch vom entgegenkommenden Verkehr nicht passiert werden. Die Höchstgeschwindigkeit beträgt auf den Interstates 65 (ca. 105 km/h) bzw. 75 (ca. 120 km/h) Meilen.

Ideale Bedingungen für Autofahrer: Die Straßen des Südwestens sind meist leer und gut ausgebaut

Folgende Amerikanismen sollte man sich einprägen. Schilder mit der Aufschrift »xing« kündigen eine Kreuzung an. »Ped Xing« verweist auf eine Fußgängerkreuzung, »Cattle Xing« warnt vor Vieh auf der Fahrbahn. »Tow Away Zone« droht, den Wagen in Einfahrten oder vor Wasserhydranten abzuschleppen. Die Tankstellen führen fast nur noch bleifreies Benzin (»unleaded«). Es gibt die Sorten »Regular« (Normal) und »Premium« (Super). Der Zahlungsverkehr ist überwiegend automatisiert: Gezahlt wird mit der Kreditkarte, die Quittung kommt auf Knopfdruck. Erscheint im Display »pay cashier first«, bezahlt man zuerst an der Kasse.

Zeittafel

12./13. Jh.
Höhepunkt der indianischen Anasazi-Kultur in der Four-Corners-Region.

1540–1541
Eine spanische Expedition unter Francisco Vásquez de Coronado dringt in den Südosten Colorados vor.

1776
Die Priester Escalante und Dominguez durchqueren auf der Suche nach einer direkten Route von Mexiko nach Monterey (Kalifornien) als erste Europäer Utah; Entdeckung des Green River.

1803
Louisiana Purchase: Die USA verdoppeln ihr Staatsgebiet durch den Erwerb des Territoriums zwischen Mississippi und Rocky Mountains von Frankreich.

1843–1845
John Fremont erforscht Nevada und den gesamten Westen für die amerikanische Regierung.

1846–48
Mexikanisch-Amerikanischer Krieg. Im Frieden von Guadalupe Hidalgo muss Mexiko Gebiete nördl. des Rio Grande an die USA abtreten, auch Utah und Nevada.

1847
Mormonen unter Brigham Young gründen Salt Lake City (Utah).

1850
Gründung des »Utah Territory«, mit Young als Gouverneur.

1851
Mormonen gründen Nevadas erste Siedlung, das heutige Genoa.

1858
In Englewood (CO) wird Gold entdeckt.

1859
Entdeckung der Comstock Lode in Virginia City löst Bevölkerungsboom in Nevada aus.

1896, 1912
Utah wird 45., Arizona 16 Jahre später 48. US-Bundesstaat.

1923
Nördlich von Fort Collings (CO) wird Öl entdeckt.

1931
Legalisierung des Glücksspiels in Nevada löst neue Zuwanderungswelle aus.

Ausflug in die Geschichte mit der Durango & Silverton Narrow Gauge Railroad

1861
Gründung des Colorado Territory. Die Telegrafenleitung zwischen Omaha (Nebraska) und San Francisco wird in Salt Lake City fertig gestellt. Nevada wird vom »Utah Territory« abgetrennt.

1864
Nevada wird 36. US-Bundesstaat.

1869
In Promontory (Utah) treffen sich nach Jahren der Schufterei die Union Pacific und die Central Pacific am 10. Mai zur ersten transkontinentalen Eisenbahnverbindung.

1875
Bei Leadville (CO) wird Silber gefunden.

1876
Colorado wird 38. US-Bundesstaat.

1881
Ute werden in Reservate abgedrängt.

1935
Fertigstellung des Hoover-Staudamms am Colorado River.

1952
Entdeckung von Uran bei Moab (Utah).

1964
Fertigstellung des Glen Canyon Dam.

1975
Self Determination and Education Assistance Act als Gesetzesgrundlage für die Selbstverwaltung der Indianerreservate.

1994
Das 5000-Zimmer-Hotel »MGM Grand« eröffnet in Las Vegas als »größtes Hotel der Welt«.

2000
Buschbrände in New Mexiko bedrohen die Ruinenstätten im Mesa Verde N.P.

Stand der Angaben: Mai 2001.

1
2
3
4
5
A
B
C
D
E
F
G
Fremont Mts.
Bly
Summer L.
Valley Falls
Lakeview
Hart Mtn.
Hart Mtn. Nat. Antelope Refuge
Frenchglen
Steens Mountain
Alvord Valley
Burns Junction
Jordan Valley
Cinnabar Mtn.
Blue Mt.Pass
Bruneau
Glenns Ferry
Gooding
Shoshone
Richfield
Hagerman
Jerome
Twin Falls
Filer
Minidoka
American Falls
Pocatello
Rupert
Burley
Pauline
Oakley
Sublett
Cache Pk.
Holbrook
Strevell
Raft R. Mts.
Snowville
Rogerson
Riddle
Duck Valley Ind. Res.
Mountain City
Saylor Cr. Aerial Gunnery Range
Balanced Rock
Murphy Hot Springs
Salmon Falls Cr. Res.
Matterhorn
Contact
Grouse Creek
Lucin
Montello
Great Salt Lake
Drews Res.
Clear Lake Res.
Willow Ranch
Warner Range
Cedarville
Alturas
Canby
Adin
Likely
Middle Alkali L.
Lower L.
Denio Junction
Trident Pk.
Granite Pk.
King Lear
Black Rock Desert
Little Humboldt R.
Midas
Winnemucca
Golconda
Sonoma Range
Wells
Deeth
Oasis
Desert Pk.
Hill Air Force Base
Newfoundland Evaporation Basin
Carrington I.
Ravendale
Eagle Lake
Susanville
Smoke Creek Desert
Sulphur
Gerlach
Rye Patch Res.
Humboldt
Elko
Lamoille
Carlin
Ruby Dome
Battle Mountain
Mt.Tobin
Spruce Mtn.
Wendover
Bonneville Salt Flats
Wendover Range
Knolls
Grantsville
Tooele
Deseret Pk.
Westwood
Litchfield
Honey L.
Pyramid Lake Ind. Res.
Winnemucca L.
Trinity Range
Lovelock
Humboldt Salt Marsh
Shoshone Mountains
Mt. Callaghan
Roberts Creek Mtn.
Ruby Mts.
Sherman Mtn.
Ruby L.
Franklin L.
White Horse Pass
Currie
Great Salt Lake Desert
Desert Test Center
Dugway Proving Ground
Dugway
Granite Pk.
Greenville
Keddie
Doyle
Chilcoot
Blairsden
Sierraville
Nixon
Wadsworth
Sparks
RENO
Carson Sink
Fallon
Austin
Diamond Pk.
Eureka
Lages
McGill
Goshute Ind. Res.
Haystack Pk.
Sand Pass
Sevier Desert
Lynndyl
Emigrant Gap
Truckee
Colfax
Virginia City
Tahoe
Carson City
Dayton
Danger Area
Lahontan Res.
Middle Gate
Reese R.
Ely
Schell Creek Range
Rubicon R.
Sth. Lake Tahoe
Gardnerville
Yerington
Walker River Ind. Res.
Pacific House
Placerville
Topaz Lake
Walker L.
Gabbs
Round Mountain
Mt. Jefferson
Monitor Range
Big Smoky Valley
Duckwater Pt.
Currant
Wheeler Pk.
Lehman Caves
Great Basin N.P.
Desert Range
Sevier Lake
Kanosh
Jackson
Hawthorne
Mina
Devils Gate
Bridgeport
Railroad Valley
Troy Peak
Timber Mtn.
Indian Pt.
Cove Fort
Marysvale
Beaver
Milford
Minersville
Angels Camp
Sonora
Yosemite Nat. Park
Mono Lake
Coaldale
Tonopah
Warm Springs
Kawich Peak
Pioche
Highland Pk.
Oakdale
Groveland
El Portal
Mt. Dana
Mt. Ritter
June Lake
Benton
Crowley L.
White Mts.
Goldfield
Tonopah Test Range A.E.C.
Rachel
Modena
Lund
Cedar Breaks Nat. Mon.
Parowan
Brian Head
Mariposa
Devils Postpile Nat. Mon.
Boundary Pk.
Atwater
Merced
Chowchilla
Oakhurst
Bishop
Nth. Palisade
Big Pine
Inyo Mts.
Scotty's Junction
Nellis Air Force Range
Bald Mtn.
Hancock Summit
Alamo
Panaca Summit
Caliente
Elgin
Beryl Jct.
Old Irontown Ruins
Cedar City
Zion Nat. Park
Toquerville
Orderville
Mt. Carmel Jct.
Hurricane
Hildale
Berenda
Madera
FRESNO
Clovis
Pine Ridge
Pine Flat Res.
Kings Canyon Nat. Park
Independence
Panamint Range
Death Valley
Daylight Pass
Beatty
Nevada Test Site
Desert N.W.R.
Meadow Valley Wash
St. George
Littlefield
Pipe Spring Nat. Mon.
Fredonia
Mendota
Selma
Dinuba
Orosi
Pinehurst
Sequoia Nat. Park
Giant Forest
Mount Whitney
Owens Lake
Furnace Creek
Amargosa Range
Devil's Hole Nat. Mon.
Indian Springs
Moapa
Valley of Fire State Park
Overton
San Benito Mtn.
Five Points
Hanford
Goshen
Visalia
Exeter
Tule River Ind. Res.
Cartago
Panamint Springs
Telescope Pk.
Death Valley Jct.
Charleston Pk.
Mt. Charleston
Pahrump
Red Rock Canyon State Park
LAS VEGAS
Henderson
Lake Mead
Mount Trumbull
Shivwits Plateau
Grand Canyon National Park
Coalinga
Stratford
Tulare
Corcoran
Tipton
Porterville
Ponderosa
Little Lake
U.S. Naval Weapons Center
Trona
Lowest Point in United States
Shoshone
Paradise
Mountain Springs
Boulder City
Hoover Dam
Lake Mead Nat. Rec. Area
Housholder Pass
South Cove
Havasupai Ind. Res.
Cholame
Delano
Richgrove
Glennville
Isabella Lake
Lost Hills
Blackwells Corner
Wasco
Inyokern
Ridgecrest
Jean
Black Mts.
Mt. Tipton
Hualapai Ind. Res.
Grand Canyon Caverns
Peach Springs
BAKERSFIELD
Oildale
Lake Isabella
Simmler
McKittrick
Caliente
Ft. Irwin Military Reservation
Clark Mtn.
Valley Wells
Nipton
Searchlight
Laughlin
Davis Dam
Bullhead City
Kingman
Hackberry
Seligman
Mt. Floyd
Ash Fork
Santa Maria
Maricopa
Wheeler Ridge
Arvin
Tehachapi
Tehachapi Pass
Cantil
Red Mountain
Mojave Desert
Calico Ghost Town
Baker
East Mojave
Fort Mohave Ind. Res.
Big Sandy Riv.
Route 66
San Rafael Mts.
Tejon Pass
Gorman
Mojave
Edwards
Boron
Edwards Air Force Base
Four Corners
Barstow
Daggett
Kelso
Nat. Scenic Area
Needles
Yucca
Lompoc
Carpinteria
Lake Hughes
Lancaster
Palmdale
Littlerock
Victorville
Ludlow
Essex
Old Woman Mtn.
Havasu Lake
Lake Havasu City
Chino Valley
Bagdad
Prescott
STA. BARBARA
Ventura
OXNARD
Santa Cruz I.
Santa Paula
Fillmore
Castaic
Simi Valley
San Fernando
Burbank
Pinon Hills
Hesperia
Lucerne Valley
Twentynine Palms Marine Corps Base
Amboy
Danby Lake
Colorado River Aqueduct
Hillside
Hollywood
PASADENA
GLENDALE
SAN BERNARDINO
Twentynine Palms
Santa Monica
LOS ANGELES
Santa Rosa I.
Ontario
Chino
Redlands
Norwalk
LONG BEACH
RIVERSIDE
Banning
Desert Hot Springs
Joshua Tree Nat. Mon.
Rice
Vidal
Parker
Colorado River
Bill Williams River
Congress
Wickenburg
Aguila
TORRANCE
HUNTINGTON BEACH
ANAHEIM
SANTA ANA
Palm Springs

Autobahn - Fernverkehrsstraße
Hauptstraße - Nebenstraße - Fahrweg, Piste
Entfernungen in Meilen
Straßennummerierung - Höhe in Meter - Pass
Eisenbahn - Flughafen - Wichtiger intern. Flughafen
Internationale Grenze - Provinzgrenze
Sperrgebiet - Indianerreservat - Nationalpark
Sonstige Sehenswürdigkeit
Sehenswerter Ort
RENO
Besonders sehenswerter Ort
LAS VEGAS
Maßstab 1:3.500.000
0 20 40 60 80 100 km
KANADA
WASHINGTON
Olympia
MINNESOTA
Helena
MONTANA
NORTH DAKOTA
Bismarck
WISCONSIN
Salem
OREGON
Boise
IDAHO
WYOMING
SOUTH DAKOTA
Pierre
Saint Paul
IOWA
Des Moines
Cheyenne
NEBRASKA
Lincoln
NEVADA
Carson City
Salt Lake City
USA
Denver
Topeka
KANSAS
MISSOURI
Jefferson City
Sacramento
San Francisco
UTAH
COLORADO
Las Vegas
Oklahoma City
ARKANSAS
OKLAHOMA
CALIFORNIA
ARIZONA
Santa Fe
Los Angeles
Flagstaff
Phoenix
NEW MEXICO
TEXAS
Austin
Hermosillo
Chihuahua
Pazifischer Ozean
MEXIKO
Monterrey
Casper
Douglas
Laramie
Cheyenne
Rawlins
Rock Springs
Green River
Great Divide Basin
Wyoming
Laramie Mts.
Medicine Bow Mts.
Front Ra.
Ft. Collins
Greeley
Loveland
Boulder
DENVER
Arvada
LAKEWOOD
AURORA
Littleton
COLORADO SPRINGS
PUEBLO
Cañon City
Salida
Leadville
Vail
Aspen
Glenwood Springs
Grand Junction
Craig
Steamboat Sprs.
Montrose
Gunnison
Telluride
Durango
Cortez
Mesa Verde Nat. Park
Alamosa
Uncompahgre Plateau
Sawatch Mts.
Colorado
SALT LAKE CITY
OGDEN
Sandy
Orem
Provo
Springville
Uinta Mountains
Vernal
Price
Moab
Arches Nat. Park
Canyonlands Nat. Park
Utah
Farmington
Shiprock
Gallup
Grants
Chaco Culture N.H.P.
New Mexico
Flagstaff
Sedona
Winslow
Holbrook
Tuba City
Page
Kayenta
Colorado Plateau
Navajo Ind. Res.
Hopi Ind. Res.
Arizona

Register

Seitenzahlen, die auf Infoseiten hinweisen, sind **fett** gedruckt. Die Koordinaten in Klammern beziehen sich auf die Karte Seite 112/113.

N.P. = National Park
N.M. = National Monument
S.P. = State Park

Lieferbare Ausgaben

Afrika/Naher Osten
67 Ägypten
64 Arabien – V. A. Emirate · Oman · Kuwait Qatar · Bahrain
52 Indischer Ozean – Madagaskar · Mauritius La Réunion · Seychellen · Komoren
17 Israel
47 Jemen
29 Jordanien
15 Kenia
8 Marokko
61 Namibia
22 Südafrika · Namibia
41 Syrien
3 Tunesien
6 Türkei – Ägäisküste · Istanbul
1 Türkei – Südküste

Australien/Ozeanien
45 Australien – Melbourne · Tasmanien · Westen
27 Australien – Ostküste
18 Neuseeland
38 Südsee

Europa
7 Island
54 Madeira – Azoren · Kapverden
14 Moskau

Süd-/Südostasien/Ferner Osten
12 Bali · Lombok · Java
25 Himalaya
10 Hongkong
53 Indien: Rajasthan – Delhi · Agra
39 Indien: Südindien
23 Japan
43 Peking
19 Singapur · Malaysia
34 Sri Lanka und Malediven
49 Südkorea
4 Thailand
36 Vietnam

Süd- und Mittelamerika, Karibik
44 Argentinien
30 Brasilien – Rio und die Küste · Minas Gerais
57 Chile
55 Dominikanische Republik · Haiti
63 Ecuador und Galápagos-Inseln
60 Jamaika
9 Karibik
65 Kleine Antillen – Antigua · Guadeloupe · Martinique · Barbados u. v. a.
33 Kuba
21 Mexiko
40 Mittelamerika – Guatemala · El Salvador Honduras · Belize
51 Peru
28 Venezuela

USA/Kanada
58 Alaska
48 Chicago und die Großen Seen
62 Florida
24 Hawaii
2 Kalifornien
32 Kanadas Osten – Québec · Ontario
13 Kanadas Westen
68 Las Vegas – Grand Canyon
31 Nationalparks
46 Neuengland – Boston
20 New Orleans und die Südstaaten
5 New York
35 Nordkalifornien · San Francisco
56 Nordwesten – Washington · Oregon
50 Rocky Mountains
66 Route 66
42 Südkalifornien · Los Angeles
37 Südstaaten · Washington D. C.
26 Südwesten
59 Texas

In Vorbereitung

69 Philippinen
70 Thailand (Text und Bild komplett neu)
71 Tunesien (Text und Bild komplett neu)

Impressum

Verlag:
HB Verlag, Marco-Polo-Zentrum, 73760 Ostfildern, Postfach 3151, 73751 Ostfildern, Tel. 0711/4502-0, Telefax 0711/4502-135, Internet: www.hb-verlag.de
Geschäftsführer:
Dr. Thomas Brinkmann, Dr. Stephanie Mair-Huydts

Redaktion und Produktion:
Harksheider Verlagsgesellschaft mbH, Fabersweg 1, 22848 Norderstedt, Tel. 040/52 88 62-0, Telefax 040/5 23 40 56
E-Mail hvgmbh@aol.com
Redaktion:
Ulrike Klugmann (verantwortlich)
Jörg Gensel

Text: Ole Helmhausen, Montreal
Fotografie: Peter Frischmuth, Hamburg

Grafische Gestaltung:
Gerhard Keim, Frankfurt/Main
Karten:
Seite 3: © cartomedia, Karlsruhe
Seite 24, 37, 51, 52, 61, 70, 84–86, 96: © Verlag Karl Baedeker, Ostfildern
Seite 112/113: © Mairs Geographischer Verlag, Ostfildern

Erscheinungsweise: zweimonatlich

HB-Bildatlas Special Fotoservice:
Harksheider Verlagsgesellschaft mbH, Fabersweg 1, 22848 Norderstedt, Tel. 040/52 88 62-22, Telefax 040/5 23 40 56

Vertrieb Zeitschriftenhandel:
Partner Pressevertrieb GmbH, Postfach 810420, 70521 Stuttgart, Telefon 07 11/72 52-227, Telefax 07 11/72 52-310
Vertrieb Abonnement:
Zenit Pressevertrieb GmbH, Postfach 8106 40, 70523 Stuttgart, Telefon 07 11/72 52-198, Telefax 07 11/72 52-333
Vertrieb Buchhandel und Einzelhefte:
Mairs Geographischer Verlag, Marco-Polo-Zentrum, 73760 Ostfildern, Telefon 07 11/45 02-0, Telefax 07 11/45 02-340

Anzeigenalleinverkauf:
KV Kommunalverlag GmbH, Postfach 8105 65, 81905 München, Telefon 089/92 80 96-24, Telefax 089/92 80 96-20

Reproduktionen:
Otterbach Digital World KG GmbH & Co., Rastatt
Druck und buchbinderische Verarbeitung:
Schnitzer Druck GmbH, Korb
Printed in Germany

ISBN 3-616-06468-6

Titel: Las Vegas, »Elvis« in der Fremont Street